情報と知識の海――
現代を航海するための

知の
ナヴィゲーター

中澤務・森貴史・本村康哲／編

くろしお出版

Microsoft®、WindowsXP®、Office®、PowerPoint®、Internet Explorer® は、米国 Microsoft Corporation®、およびその他の国における登録商標または商標です。Microsoft Corporation のガイドラインに従って画面写真を使用しています。

マインドマップ® は、英国ブザン・オーガナイゼーション・リミテッドの登録商標です。

GOOGLE は Google Inc. の登録商標です。

KJ法は、川喜田研究所の登録商標です。

記載されている会社名、製品名は、各社の登録商標、または商標です。

まえがき

　本書は、大学での学びのスキルを総合的に習得するために作られたテキストです。主として、大学入学直後の1年次生を対象とした導入教育（初年次教育）で使用されることを想定していますが、これに限らず、様々な知的ニーズに対応できるように設計されています。

　本書は2部構成になっており、**第Ⅰ部ではリテラシー（読み書き能力）の育成**、**第Ⅱ部ではコミュニケーション力の育成**を目標に掲げています。

　第Ⅰ部のテーマは、大学での学びの基礎となるリテラシーの育成です。新入生の多くは、これまでとは異なる授業形態や、レポート課題などに大きな不安を感じています。まずは、基礎的な学習スキルを習得して不安を解消し、大学での学びにスムーズに移行することが大切です。現在、多くの大学では、こうした問題に対処するために、1年次生に対して、大学生活の送り方、授業でのノートの取り方、図書館の使い方、資料の読み方、レポートの書き方などを教育しています。これらの基礎的なスキルを学ぶことで、初期段階の問題は解決し、スムーズに大学の学びに入っていくことができます。

　本書では、第Ⅰ部に収録された4つの章において、このような基礎的なスタディ・スキルを学びます。それぞれの章を段階的に学ぶことにより、**聞く（ノート・テイキング）、調べる（情報検索）、読む（リーディング）、書く（ライティング）**という、4つの基本的な学びのスキルを身につけることができます。これらのスキルを身につければ、ひとまずは無事に大学での勉学をスタートさせることができます。

　これに対して、第Ⅱ部では、**プレゼンテーション、ディスカッション、ディベート**という、より高度な知的コミュニケーション力を取り扱います。このような能力の育成をうたうテキストは少ないのですが、わたしたちは、大学での学び全体を考えたとき、こうした能力を初期段階からしっかりと育成しておくことが、とても大切なことだと考えています。というのも、大学での学びは、それまでの学びにはない2つの特徴を持っているからです。

　第1に、大学での学びでは、能動的な学び方が求められます。高校までの勉強は、教科書に書かれている内容をおぼえることが中心であり、授業も板書を写し取るだけで済みました。多くの人は、こうした受動的な学びのイメージを持ったまま大学に入学してきますが、できるだけ早い時期に、問題を発見して自分で探求していくという大学での能動的な学び方に慣れることが大切です。

　第2に、大学での学びは専門的です。多くの大学のカリキュラムは、2年次〜3

年次にかけて徐々に専門的な内容の授業を増やしていき、4年次には卒業論文や卒業研究を仕上げることによって、1つの専門分野の学びが完結するように組み立てられています。専門的な授業では、講義の内容に対してきちんと反応し、自分の意見を持つことが必要となります。さらに、演習（ゼミ）形式の授業になると、発表やディスカッションを通じて自分の意見を表明し、議論をすることが求められます。こうした2年次以降に要求される学びのスキルについても、1年次のときから訓練しておけば、学びへの積極的な姿勢が身につき、2年次以降のより高度な学びにスムーズに連結させていくことができると、わたしたちは考えます。

　そこで、このような目的を達成するために、第Ⅱ部では、まずプレゼンテーションとディスカッションを取り上げます。プレゼンテーションを取り上げているテキストは数多くありますが、ディスカッションを重視するものは、日本ではまだほとんど存在しないようです。しかし、ゼミを中心とした専門的な学びにおいて、これほど大切な能力はありません。さらに本書では、この種のテキストでは取り上げられることの少ないディベートも積極的に取り入れて、実践的な訓練ができるように工夫しました。ディベートを成功させるためには、あらゆる種類のスタディ・スキルを有機的に駆使しなければなりません。ディベートを経験することで、本書で学ぶ様々なスタディ・スキルは1つに統合され、完成されていくでしょう。

　本書を活用することにより、創造的な知的活動のために必要なほとんどすべてのスキルを、総合的に身につけることができます。その意味で、本書は大学在学中はもちろん、大学を卒業して社会に出てからも、十分に役に立つものです。本書が大学での学びを越えて、生涯を通じた創造的な〈知のナヴィゲーター〉になることを願ってやみません。

執筆者を代表して
中澤務／森貴史／本村康哲

目 次
CONTENTS

まえがき i
本書の使い方 xi
本書の構成と学び方 xii

第 I 部　リテラシーをみがく

第 1 章　ノート・テイキング　　3

1.1 大学での学びとノート・テイキング　　4
　1.1.1　大学の授業でのノート・テイキング　　4
　1.1.2　ノート・テイキングの目的と意義　　4
　1.1.3　ノート・テイキングの 2 つの段階　　5

1.2 実践的なノート・テイキング　　7
　1.2.1　予備知識としての予習　　7
　1.2.2　ノート・テイキングの工夫　　7
　1.2.3　ノートをよりよくするための工夫　　9
　EXERCISE 1　ノートを取る　　10

1.3 ノート・テイキングの実際　　11

1.4 理解を深めるためのノート　　15
　1.4.1　ノートを視覚化する　　15
　1.4.2　マインドマップを作る　　15
　EXERCISE 2　マインドマップを作る　　16

第 1 章をふりかえって　　18

第 2 章　情報を集める　　19

2.1 大学での学びと情報検索　　20
　2.1.1　情報検索の重要性　　20
　2.1.2　大学の学びで必要な情報検索　　20

2.2 様々な情報源　　21

2.3	インターネットで探す	24
	2.3.1 検索サイトを使う	24
	2.3.2 蔵書検索システムを使う	26
	2.3.3 インターネット上のデータベースを使う	27
	2.3.4 インターネット情報の限界	28
	EXERCISE 1 インターネットで情報を集める	29
2.4	大学図書館で探す	30
	2.4.1 図書館の蔵書検索システムを使う	30
	2.4.2 参考図書コーナーを使う	31
	2.4.3 新聞・雑誌の閲覧コーナーを使う	31
	2.4.4 関連書架をあたる：日本十進分類法	32
	2.4.5 視聴覚資料を利用する	34
	2.4.6 レファレンス・カウンターで尋ねる	34
	EXERCISE 2 大学図書館で情報を集める	34
2.5	情報倫理に配慮する	35
	2.5.1 著作権	35
	2.5.2 剽窃と引用	36
	第2章をふりかえって	38

column スタディ・スキルを活かす❶ ゼミの中で 39

第3章 リーディング　41

3.1	大学での学びとリーディング	42
	3.1.1 リーディングの重要性	42
	3.1.2 大学生活で必要なリーディング	43
	3.1.3 社会生活とリーディング	43
3.2	様々な文章とその読み方	44
	3.2.1 様々な文章	44
	3.2.2 様々な読み方	45
3.3	読解のスキル	46
	3.3.1 文章の全体像を把握する	46
	EXERCISE 1 全体像を把握する	50

	3.3.2 精読する	51
	3.3.3 文章の構造を分析する	53
	EXERCISE 2　精読して構造図を描く	56
3.4	要約する	58
	3.4.1 要約とは	58
	3.4.2 要約の方法	58
	EXERCISE 3　要約する	59
3.5	批判的に読む（クリティカル・リーディング）	60
	3.5.1 クリティカル・リーディングとは	60
	3.5.2 クリティカル・リーディングの方法	60
3.6	記録する	62
	3.6.1 ノートやカードを作る	62
	3.6.2 文献リストを作る	63
	第3章をふりかえって	64

第4章 ライティング　　65

4.1	大学での学びとライティング	66
	4.1.1 ライティングの重要性	66
	4.1.2 大学でのライティングに求められること	66
	4.1.3 大学でのレポート	66
4.2	わかりやすく説明する	68
	4.2.1 わかりやすい説明をするには	68
	4.2.2 わかりやすい説明をするための3つのポイント	68
	EXERCISE 1　わかりやすく説明する	71
4.3	説得力のある主張をする	72
	4.3.1 論証文の特徴	72
	4.3.2 説得力のある論証文の条件	72
	4.3.3 理由を見つける	73
	4.3.4 5段落で論証文を組み立てる	75
	EXERCISE 2　5段落で論証文を書く	77

4.4　レポートの基礎知識 78
4.4.1　レポートの種類と特徴 78
4.4.2　レポートの構成 78

4.5　レポートを書く 80
4.5.1　レポート作成の手順 80
4.5.2　スケジュールを立てる 81
4.5.3　意見の内容を考える 81
4.5.4　情報収集をする 82
4.5.5　アウトラインを組み立てる 83
4.5.6　執筆する 84
4.5.7　点検して体裁を整える 84

4.6　引用・注・参考文献表 86
4.6.1　引用する 86
4.6.2　注をつける 87
4.6.3　参考文献表を作る 88
EXERCISE 3　ミニレポートを書く 89

第4章をふりかえって 92

column スタディ・スキルを活かす❷　卒業研究に向けて 93

第Ⅱ部　コミュニケーション力をみがく

第5章　プレゼンテーション 97

5.1　大学での学びとプレゼンテーション 98
5.1.1　社会で求められているプレゼンテーション・スキル 98
5.1.2　大学の学びにおけるプレゼンテーションの意義 98

5.2　プレゼンテーションとは 99
5.2.1　プレゼンテーションの種類 99
5.2.2　プレゼンテーションの要素 99

5.3	スピーチ力を鍛える	105
	5.3.1　スピーチがすべての基本	105
	5.3.2　アイデアの構想を練る	105
	5.3.3　アウトラインの作成	106
	5.3.4　読み原稿の作成	106
	5.3.5　リハーサル	108
	EXERCISE 1　グループスピーチをする	109
5.4	高度なプレゼンテーション	110
	5.4.1　説明型プレゼンテーション	110
	5.4.2　説得型プレゼンテーション	111
	EXERCISE 2　高度なプレゼンテーションをする	112
5.5	ドキュメントを使ったプレゼンテーション	113
	5.5.1　配付資料を使う	113
	5.5.2　スライドを使う	115
	5.5.3　スライドの作成	116
	EXERCISE 3　配付資料とスライドでプレゼンテーションする	117

第5章をふりかえって　　118

第6章 ディスカッション　　119

6.1	大学での学びとディスカッション	120
	6.1.1　ディスカッションの重要性	120
	6.1.2　ディスカッションとプレゼンテーションの関係	120
6.2	ディスカッションの心得	122
	6.2.1　生産的なディスカッションの条件	122
	6.2.2　参加者の心得	122
	6.2.3　司会(ファリシテーター)の心得	123
	6.2.4　記録係	124
6.3	ディスカッションの種類と目的	125
	6.3.1　様々なディスカッションの形式	125
	6.3.2　目的と規模に応じたディスカッション	126
	6.3.3　大学での学びに必要なディスカッションとは	127

6.4	理解を深めるディスカッション	128
	6.4.1　イントロダクション	128
	6.4.2　バズセッションの進め方	128
	EXERCISE 1　バズセッションで理解を深める	129
6.5	問題を解決するディスカッション	130
	6.5.1　イントロダクション	130
	6.5.2　問題解決のためのアイデアを出し合う（ブレーンストーミング）	130
	6.5.3　集めたアイデアを整理・分類する（KJ法）	131
	6.5.4　ブレーンストーミングとKJ法を組み合わせる	133
	EXERCISE 2　ブレーンストーミングとKJ法で問題を解決する	136
6.6	問題を共有するディスカッション	137
	6.6.1　イントロダクション	137
	6.6.2　シンポジウムの進め方	138
	EXERCISE 3　ミニシンポジウムで問題を共有する	140
第6章をふりかえって		142

第7章　ディベート　143

7.1	ディベートとは	144
	7.1.1　ディベートとディスカッションの違い	144
	7.1.2　ディベートの意義	145
	7.1.3　これまでに学んだスキルを総動員しよう	145
	7.1.4　ディベートのフォーマット	146
7.2	簡単なディベート	147
	7.2.1　ピンポン・ディベート	147
	7.2.2　ワンマン・ディベート	147
	EXERCISE 1　簡単なディベートをしてみよう	148
7.3	ディベートの準備	149
	7.3.1　チーム分け	149
	7.3.2　論題の選択	150
	7.3.3　主張作り	151

		EXERCISE 2　主張とエヴィデンスを作る	162

7.4 ディベートをおこなう ……………………………………………………… 163
　　7.4.1　ディベートの前に …………………………………………………… 163
　　7.4.2　主張 …………………………………………………………………… 164
　　7.4.3　質疑 …………………………………………………………………… 164
　　7.4.4　反論 …………………………………………………………………… 165
　　7.4.5　フローシートに記録する …………………………………………… 165
　　7.4.6　判定 …………………………………………………………………… 166
　　7.4.7　ディベートが終わったあとは ……………………………………… 168
　　EXERCISE 3　ディベートをする …………………………………………… 168

第 7 章をふりかえって ………………………………………………………………… 170

column　スタディ・スキルを活かす❸　社会人になってから ………… 171

索引 ……………………………………………………………………………………… 173
あとがき ………………………………………………………………………………… 179
執筆者紹介 ……………………………………………………………………………… 181

本書の使い方

　本書は、導入教育(初年次教育)をはじめとする、スタディ・スキルの習得を目的とした各種授業の中で、自由に活用できるように設計されています。もちろん、自習する場合のことも考え、本文を読んで、**EXERCISE** に取り組むだけで、スタディ・スキルの基本が習得できるように工夫されています。

　なお、本書には索引がつけられていますので、有効に活用してください。

▶授業で使う場合

　本書は、主に導入教育の授業のテキストとして使用されることを想定して、執筆されていますが、大学での授業回数にあわせた章構成にはなっていません。それは、授業の内容を画一的に強制しないためです。導入教育に求められる内容は、大学や学部により様々でしょう。それぞれの授業の性質や達成目標によって、また担当者の考え方によって、そのあり方は異なります。また、授業によって習得目標のスキルの種類も異なります。ある授業では、レポートの作成方法の習得が最終目的かもしれませんし、それを超えて、プレゼンテーションなどのコミュニケーション力の育成を重視する授業もあるでしょう。

　こうした様々なニーズに対応させるため、本書では、学ぶべきスキルを大きく7つに分け、それぞれ1つの章にまとめました。授業の担当者は、担当授業の目的や性質を考慮に入れたうえで、ご自分の教育理念に従い、内容を取捨選択して、自由に授業をお進めください。

▶自習する場合

　本書は、自習する場合にも、スタディ・スキルを効率的に習得できるよう工夫されています。テキストの説明をよく読み、付属ディスク収録のワークシートを活用しながら、**EXERCISE** を繰り返し丹念に練習してください。

▶付属ディスクについて

　付属ディスクには、「サンプル講義」(第1章用)と「サンプルディベート」(第7章用)の2つの動画と、**EXERCISE** で使用する各種ワークシートが収録されています。テキストの マークがつけられた部分で使用する学習マテリアルです。利用する前に、「はじめに読んでください」というテキストファイルを読んで、内容や使い方について確認し、有効に活用してください。

本書の構成と学び方

▶全体の学び方

　本書は7つの章から構成されています。各章は、それぞれ個別のスキルを取り上げており、1つの章を学べば、1つのスキルの基本を学べるようになっています。

　第Ⅰ部では、各章の内容は独立しているので、どの章から学びはじめてもかまいません。しかし、章が進むにつれて次第に高度なスキルにステップアップするように構成されているので、第1章から順に学んでいくのが、最も効果的な学び方です。

　第Ⅱ部の3つの章は、内容的につながっているので、第5章、第6章、第7章の順に学習していくとよいでしょう。とくに、第7章のディベートの学習は、それまでに登場する6つのスキルを総合的に駆使する必要があるので、これらのスキルがすでに習得されていることを前提としています。第7章は、最後の仕上げとして学習することをおすすめします。

　なお本書には、スタディ・スキルの大切さについて述べた、3つのコラムが掲載されています。

▶各章の構成と学び方

　各章の扉ページには、その章での学習内容などをまとめてあります。まず、この部分をしっかりと読み、これから学ぶスキルについて予備知識を持ってください。 学習内容 を見れば、その章で学ぶ内容がひと目でわかります。次に、 この章で身につく学びの力 によって、その章の学習でどのような学びの力が身につくかを確認してください。

　各章の本文は、それぞれのスキルを、徐々にステップ・アップしながら学んでいけるように構成されています。各章の構成と学習の進め方は、すべて共通です。各章は小さな節からなり、節ごとにまとまった内容を持っています。各節での解説が一段落したところには、 POINT が挿入されています。EXERCISE には、その節での学びを定着させるための実践的な練習が用意されています。付属ディスクには、練習を楽に進めるための動画とワークシートが収録されています。

　各章の最後のページには、その章全体のポイントが簡潔にまとめられています。さらに、その章での学びをふりかえるための 自己評価する が設けられています。その章での学びの成果を確認してください。また 学びを深めたい人に で紹介されている文献を参照すれば、その章で学んだスキルをより深く学ぶことができます。

リテラシーをみがく

第1章 ノート・テイキング

　話を聞いてまとめるノート・テイキングのスキルは、すべての学びの基本となる大切な能力です。聞いてまとめる力は、大学での学びの基本となる「考える」力を支える力であり、この力をきちんと養っておかなければ、考える力を身につけることはできないからです。
　第1章では、この聞いてまとめるスキルを、授業を聞いてノートを取る作業を通して学びます。高校と大学でのノートの取り方との違いから始めて、講義ノートを効果的に取る実践的な方法を学び、さらに社会に出てからも役に立つノート・テイキングについても学びます。

学習内容

○ 大学でのノート・テイキングの意義を学ぶ。
○ ノート・テイキングに必要な様々なスキルを習得する。
○ 作成したノートをどのように活用させることができるかを考える。

この章で身につく学びの力

1　聞き取り力
2　整理力
3　発想力

1.1 大学での学びとノート・テイキング

1.1.1 大学の授業でのノート・テイキング

4月入学したばかりの大学。新しい学問に触れる期待で胸がいっぱい。そして、ついに始まった授業の初日。あれあれ、何か違うなあ……。授業が終わって、ノートをみると、何も書いていないまま。そういえば、先生は熱心に話すばかりで、何も黒板やホワイトボードに書いてくれなかったぞ……。

このようなことは、大学に入学まもない新入生に起こりがちの悲劇ですが、その原因は、高校までの授業形式と、大学の授業形式の違いにあります。高校までの授業では、先生がノートすべき内容をすべて黒板に書いてくれました。それを丸写しして、その内容をおぼえれば、それで何とかなりました。しかし、大学での授業は、高校までの授業とは違い、不親切な部分が多いのです。最近でこそ、パワーポイントを使ったり、レジュメ（授業内容のまとめ）や資料を配付する授業が普及しつつありますが、それでも、板書の内容をただノートに写せばこと足りるといった、親切な授業はしてくれないのが普通です。ノートを取る時間をわざわざ与えてくれることもありません。中には、ほとんど板書をせず、レジュメや資料も必要最小限のものしか配付しない授業もあります。

では、なぜ大学の授業は不親切なのでしょうか。それは、大学の授業では、授業を聞く学生が自分でノートの内容を考え、「創造的な」ノートを取ることを期待されているからです。大学での学びは、受け身では成り立ちません。話の内容をきちんと聞いて、重要な部分をしっかりと理解し、それを手際よくまとめたノートを取れるようになることが、大学での能動的な学びの第1歩なのです。

高校と大学でのノート・テイキングの違い

	高校まで	大学（とくに講義）
教員	ぜんぶ書いてくれる	あまり書かないことが多い
生徒・学生	丸写しをすればいいだけ	自分でノートの内容を考える

1.1.2 ノート・テイキングの目的と意義

ノート・テイキングは、大学の学びにおける最も基本的なスキルの1つです。また、第2章以下で身につける様々なスタディ・スキルの根幹に位置するスキルですので、ノート・テイキングのスキルをしっかり身につけておけば、このあとのスタディ・スキルの勉強をよりスムーズに進めていくことができます。

ノートを取る主な目的は、講義内容を記録し、あとで読み返して思い出せるようにすることです。「それなら、何も苦労してノートを取らなくても、ボイスレコーダーで録音すれば、完璧に記録できるよ」と思うかもしれません。しかし、次のような理由から、授業をそのまま記録しただけでは、いくら忠実に再現されていても意味がないのです。

① 講義の内容はすべてが重要とは限らない

講義の中で話される内容は、すべてが重要とは限りません。ときにはわかりやすいたとえが使われることもありますし、トピックに関連した脱線もあります。そのような話までノートに取っていると、読み返しても何が重要なことだったのか、わからなくなってしまいます。

② 自分で考えなければ意味がない

大学での学びで大切なのは、知識の丸暗記ではなく、「考える」ことです。その「考えることのきっかけ」として、授業が設定されているのです。話をそのまま記録するだけでは、授業を受ける意味がありません。

大学生活を通して、試行錯誤を繰り返しながら、自分だけの「考えるきっかけとしてのノート」を作っていきましょう。2年次以降の上位年次においては、「考える」ことを要求される専門の授業がさらに増えます。このような場合に、自分が作成したノートをきっかけにして考えたり、調べたりすることができれば、専門の研究発表や卒業論文のテーマを考え出すのにも大いに貢献するのです。

さらに、ノートを取るスキルは、大学での学びだけでなく、大学を卒業して社会人になっても必要な能力です。なぜなら、どんな仕事をするにせよ、相手の話の内容を的確につかんでメモを取る能力があれば、仕事をより円滑に進めていくことができるからです。あなたが身につけたノート・テイキングの力は、4年間の大学生活ののち、社会に出てからも立派に役に立つのです。

1.1.3 ノート・テイキングの2つの段階

ノートは、講義の重要な内容が書き込まれていれば、さしあたりは十分です。しかし、授業からもっと多くの成果を引き出すこともできます。たとえば、授業の話を聞いてノートを取りつつも、そのとき自分の頭の中に浮かんだ考えをメモしていくというノート・テイキングもまた可能です。この場合のノート・テイキングは、授業の内容と自分がすでに持っている知識をつなげて、より豊かな内容を作り出していく作業になります。

以上のように、ノート・テイキングには、次の2つの段階があります。

> 1. 授業内容の重要な部分をうまくまとめる（先生の話だけをまとめたノート）
> 2. 授業内容の重要な部分をまとめつつも、自分の持っている知識を書き加えていく（先生の話と、自分の知識を融合させることで、内容をより豊かにしたノート）

後者のノート・テイキングはハードルが高いですが、このようなノートを取ることで、学びはさらに豊かになっていくことでしょう。

POINT
大学の授業では、自分で創造的なノートを取ることを期待されている。考えながら、重要な部分をうまくまとめよう。

1.2 実践的なノート・テイキング

1.2.1 予備知識としての予習

どんな内容の話でも、話の内容を予備知識としてあらかじめ知っておくと、話が理解しやすくなります。

授業の場合にも、利用できる情報がすでに存在しています。1つはシラバス（講義要項）です。たいていのシラバスには、講義概要と講義計画が載っています。これらの情報を授業前に確認して、その回の授業のテーマを把握し、予備知識として役立てることができます。もう1つは、その授業で指定された教科書です。これもシラバスを確認して、その回の授業で進むところをあらかじめ読んで、予習しておきます。すると、講義がわかりやすくなるので、ノートを取るのもそれだけ楽になるというわけです。

1.2.2 ノート・テイキングの工夫

いよいよノート・テイキングの実践です。遅刻はしない、席は前のほうに座る、姿勢を正しくするなどはいうまでもありません。よいノートを取ろうとする気構えが、まずは大切です。

ノートは、冊子とルーズリーフのどちらを使ってもかまいません。ルーズリーフはページごとに使えるので便利ですが、しっかりファイルするなど管理しておかないとなくしたりするので、要注意です。筆記具は、黒鉛筆の他、色ペンも数色用意しておきます。

ノートを取る際には、以下のようなポイントに気をつけてください。

① 接続詞に注意する

授業を聞く際には、話の中に登場する接続詞に気をつけてください。中でも、原因、結果、まとめ、いいかえを示すような接続詞が大切です。というのも、これらの接続詞によって、次に話される部分が重要であることがわかるからです。そのような部分は、講義のエッセンスを含んでいることが多いため、ノートに取っておくべきです。

（授業中に気をつけたい接続詞）

- 結果／帰結 ＝ だから、したがって、それで
- 理由／原因 ＝ なぜなら、というのは（も）
- いいかえ　 ＝ つまり、すなわち

② 美しさよりも速さ

　聞いた内容をノートに書き込む際は、見た目の美しさよりも、速さを意識するようにしてください。きれいに書こうとすれば、それだけ書くほうに気を取られ、書くスピードが抑えられてしまうからです。あとで見返したときに、自分が読めればそれでよいのです。

③ 省略文字を工夫する

　ノートに書く文字についても、漢字は画数が多いものがありますので、それをいちいち丁寧に書いていては、聞き逃したり書き忘れたりしてしまいます。そのために、カタカナやアルファベット、略字、記号などを自分で工夫するとよいでしょう。

> **ノートをすばやく取るための省略文字の例**
>
> ・カタカナ：ジンルイガク（＝人類学）
> ・アルファベット：ML（＝マネー・ロンダリング）
> ・略字：人（＝人間）
> ・記号：★、！、？
> ・矢印、下線、囲み：→、カセン、カコミ

④ 重要な部分を見逃さない

　大事な単語やキーワードは、板書してくれることが多いので、ぜひともノートに書きとめておきましょう。また講義の内容から考えて、たとえ先生が板書しなくても、よく話題にのぼる単語やキーワードはノートに書いておくとよいでしょう。

　また、ノートを書くのに集中しすぎて、つい聞き逃してしまうこともあるかもしれません。その場合は、「？」などで聞き逃したことをマークしておきます。その際、少しでもおぼえているならば、聞き逃した事柄に関する単語やキーワードだけでも、ノートに書き込んでおきます。そうすると、授業後やオフィス・アワーの時間などに、聞き逃した内容を質問しやすくなります。

⑤ レイアウトを工夫する

　紙面の使い方としては、左右のページにびっしりと書き込むのではなく、次の例のように、左ページと右ページで役割を分担させると、使いやすいノートになります。左ページに授業内容を記録し、右ページには、それと連動させて、キーワードや質問したいこと、思いついたことなどを記入していくのです。授業後の追加の書き込みや質問の答えも、右ページに記入します。

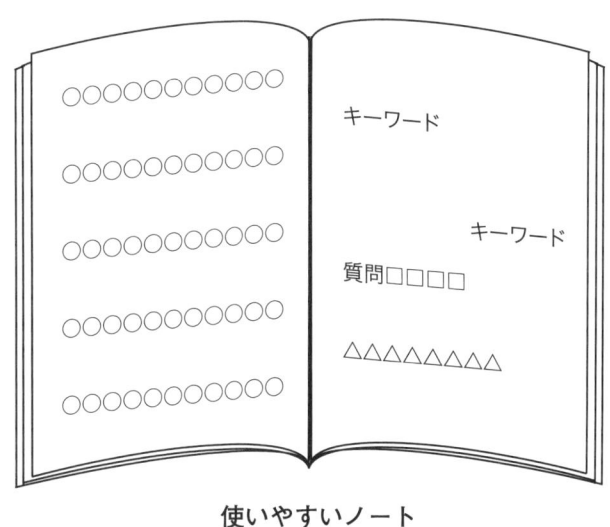

使いやすいノート

1.2.3　ノートをよりよくするための工夫

　集中して授業を聞きながら、その場で完璧なノートに仕上げるのは至難の業です。そこで、ノートを取り終わったあとで、さらにひと工夫を加えてみましょう。わずかな努力をするだけで、ノートの完成度が向上します。そのためには、次のようなことをするように、日頃から心がけてください。

① ノートを読み返す

　その日のうちに、ノートを読み返しましょう。話を一度聞いただけでは、記憶は急速に薄れていきます。頭の中に話の内容が残っているうちに、もう一度復習しておくと、記憶の定着が格段によくなるのです。最初は大変かもしれませんが、習慣づけておくと、日課として自然にできるようになります。

② 配付物を整理・保管する

　授業中に配られたレジュメや資料などの配付物は、ファイルに保管したり別のノートに貼りつけたりして、いつでも読み返せる状態にしておきます。この作業は①とセットだと考えてまとめてやりましょう。

③ 不明な点を確認する

　理解できなかった箇所や聞き取れなかった内容は、そのままほうっておいてはいけません。授業中に気づいたなら、終了後すぐに先生に質問するか、友人に確認しましょう。授業終了後、ノートを読み返しているときに気づいた場合、自分で調べるか、後日、先生に質問します。

　ノートをあとで読み返したときに、記入の間違いに気づくことがあるかもしれません。その場合、新たに書き込みをして、訂正しておきます。また質問の答えや、自分で興味をもって調べたこともあわせて書き込んでおくと、より完成度の高いノートになります。このときの新しい書き込みは、色ペンなどで色を変えて書き込みましょう。読み返すときに、あとから追加で書き込んだことがわかって便利です。

　もちろん、一朝一夕に満足できるノートを作成できるようになるわけではありませんので、ノートを取る訓練は繰り返しおこなってください。ノートを取る作業を繰り返しているうちに、自分流のノートの作り方がわかってくるものです。一所懸命に訓練すれば、必ずできるようになりますから、毎回の授業で必ずノートを取るようにしましょう。

　こうして作り上げたノートは、世界中にただ1冊の自分だけのノートです。授業を聞きながら工夫して書き込み、授業後にも手を入れた結果、さらに内容が豊かになったノート。そのようなノートは、すでにあなた自身の知識の一部になっています。もうあなたは、友だちのノートを借りて読んでも、満足できなくなっていることでしょう。

> **POINT**
> 様々な工夫をしながら練習して、わかりやすいノートを取るように心がけよう。

EXERCISE 1　　ノートを取る

　付属ディスクに収録されている「認知心理学」のサンプル講義を見て、ノートを取ってみましょう。

1.3 ノート・テイキングの実際

この節では、**EXERCISE 1**のサンプル講義を素材にして、ノート・テイキングの方法を具体的に考えていきます。

サンプル講義で先生が板書した内容は、次のようなものでした。

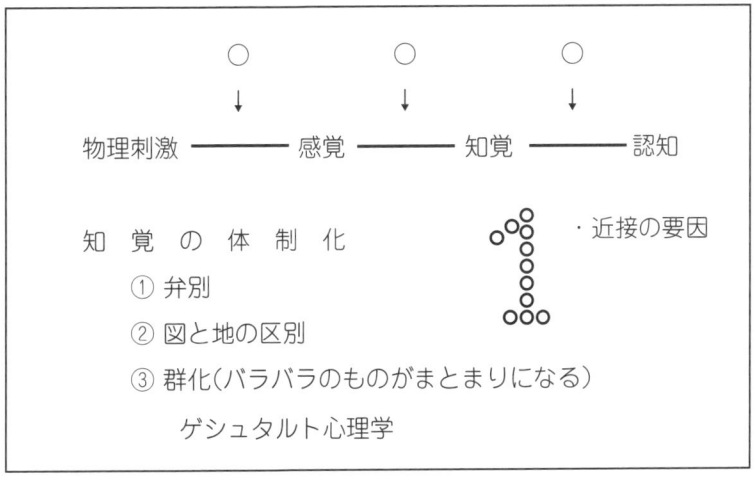

しかし、このように単語を並べただけのノートでは、あとで見返すとちょっとわかりにくい箇所が出てきそうです。どうすれば、もう少し情報量のあるノートを作れるのでしょうか。この講義をノートに取るときのポイントを見ていきましょう。

まずテーマをつかんで授業内容を予測します。通常の授業の場合、シラバスの講義概要と講義計画を読んで、予備知識を蓄積しておくようにしましょう。今回は模擬授業なので情報量は少ないですが、「認知心理学」についての講義であるという情報だけはすでに書かれています。心理学の授業だとわかれば、ノートを取るときに、わずかでも自分の知っている知識を集約する準備ができます。

さて、講義の最初に、「知覚」について話すという案内がありましたから、「認知心理学」の「知覚」がテーマであることがわかりました。そこで、すぐにノートに「知覚」と記しましょう。そして、次の話は、そこから数行空けて書き始めます。というのも、テーマである語句「知覚」については、これからもいろいろ話される可能性が高いので、書きとめるスペースを空けておくのです。案の定、先生は「知覚とはモノを見て、それを判断することだ」と解説してくれました。さっそく書き込みましょう。

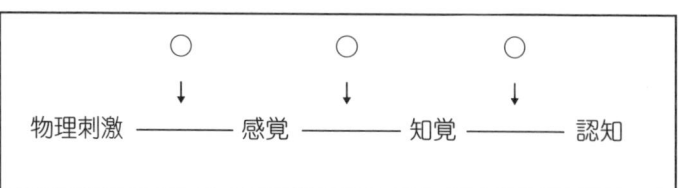

先生が書いてくれたキーワードや図は、先生が直接書いてくれる数少ない文字情報ですので、ぜひとも書き留めなければなりません。

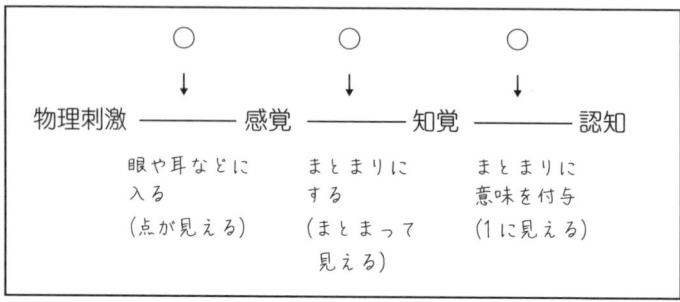

上の図が板書されたあと、この図についての解説が始まります。しかし、その解説は図には書いてくれませんでした。そこで、先生の解説をよく聞いて、図に書き加えていきます。

続いて、今回はこの図の「感覚」と「知覚」の部分を中心的に考えていくと述べられ、この部分のことを「知覚の体制化」というのだと解説されました。これが今回の授業の中心部分です。このときに、「重要」という意味で、下線や囲みを使ったり、色ペンでマークしたりと強調しておくとよいでしょう。

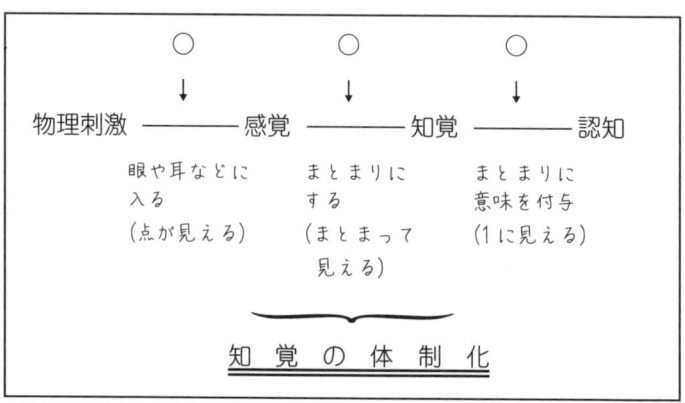

さらに、「感覚」と「知覚」と「知覚の体制化」の関係を、別の行に、次のように書いてもよいかもしれません。

```
感覚  →  知覚  ＝  知覚の体制化
       (まとまったもの)
```

このあとさらに、知覚のメカニズムについての詳細な説明が続きます。知覚が成立するために、「弁別」、「図と地の区別」、「群化」の3段階が必要であるという解説です。これまでと同様に、板書されたキーワードをもとに、ノートを書き込んでいきます。ここも大事なキーワードは、枠で囲ったり、下線を引いたり、色ペンで強調したいところです。

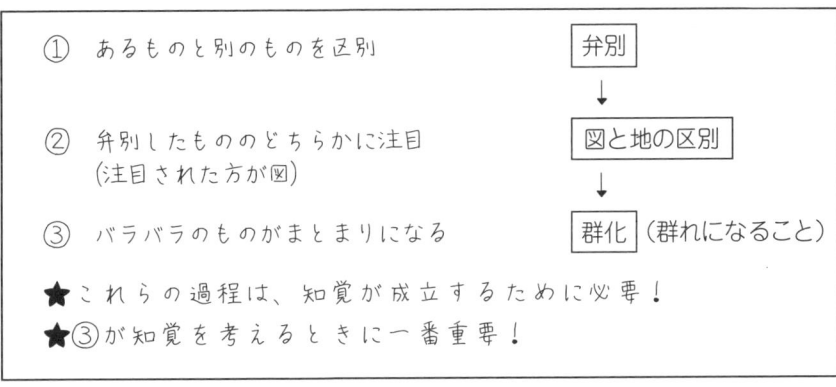

いよいよ最後のまとめです。次の2つのことがいわれました。(1)バラバラなものが、どのようにまとまって知覚されるかを分析する研究がゲシュタルト心理学であること。(2)近くのものはまとまって知覚されるのであり、それは「近接の要因」と呼ばれること。以上をノートに書くと、次のような書き方になるでしょう。

```
・バラバラのものがどうやってまとまるのかを研究＝ゲシュタルト心理学
    近くにあるものはまとまって知覚される  →  〈近接〉の要因
```

EXERCISE 1で取ったノートを見返して、ノートに講義の内容が過不足なく書き取れていましたか。解説でここまで書き取ってきたことをノートの模範例として、次ページにまとめてみます。これはあくまで1例です。他にも様々な工夫が考えられますので、各自工夫してみてください。

認知心理学講義　（〇〇年〇月〇日）

知覚 ＝ モノを見て、それを判断すること

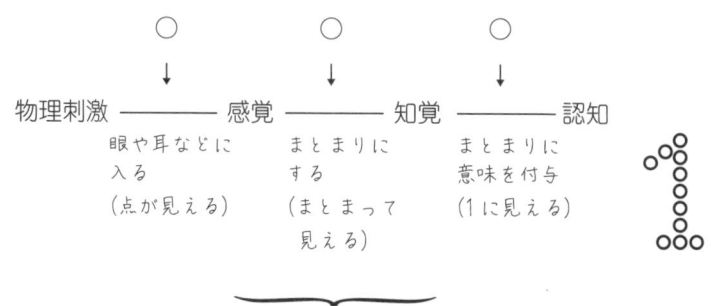

物理刺激 ——— 感覚 ——— 知覚 ——— 認知
眼や耳などに　まとまりに　まとまりに
入る　　　　　する　　　　意味を付与
（点が見える）（まとまって（1に見える）
　　　　　　　　見える）

　　　　　　知　覚　の　体　制　化

① あるものと別のものを区別　　　　弁別
　　　　　　　　　　　　　　　　　　↓
② 弁別したもののどちらかに注目　　図と地の区別
　（注目された方が図）　　　　　　　↓
③ バラバラのものがまとまりになる　群化（群れになること）

★これらの過程は、知覚が成立するために必要！
★③が知覚を考えるときに一番重要！

・バラバラのものがどうやってまとまるのかを研究＝ゲシュタルト心理学
　　　近くにあるものはまとまって知覚される　→　〈近接〉の要因

POINT

板書を書き写していただけでは、わかりやすいノートは取れない。様々な工夫を自分で加えていこう。

1.4 理解を深めるためのノート

前節までは、大学での授業をノートに取るスキルを中心に学習してきました。この節では、単に授業内容を書きとめるためではなく、授業の理解をもっと深めるためのノートの取り方を学ぶことにしましょう。

1.4.1 ノートを視覚化する

授業の理解を深めるために、もう一度ノートを作り直すことが必要です。作り直すといっても、同じ内容をきれいに清書するということではありません。考え方を変えて、罫線にとらわれずに、図に描いて視覚化してみるのです。「ノートを視覚化する」と聞くと難しく感じてしまうかもしれませんが、方法さえわかれば、決して難しいことではありません。

では、どうしてノートを視覚化する必要があるのでしょうか。それは、図に描くことで、すでに知っている知識を整理する(自分で再構成する)ことができるうえに、その図を見ることで、整理された知識の全体像をひと目で見渡すことができるからです。視覚化されたノートを作っておけば、試験などの際に効率的な復習が可能になるでしょう。

さらに、ノートを視覚化するメリットは、授業の理解を深めることばかりではありません。視覚化されたノートはさらに、授業を聞いているだけでは気づかなかった様々な新しい問題に気づかせてくれるのです。なぜなら、授業で聞いた内容を再構成し、話された事柄の関係を図式化して全体像を浮かび上がらせることによって、それまで気づかなかった疑問や、さらに探求しなければならない課題を発見することができるからです。

このように、ノートを視覚化していくと、様々な面で学びをより豊かなものにしていくことができるのです。

1.4.2 マインドマップを作る

ここでは、より深い理解や新たな問題発見に効果的なノートの方法として注目されている、「マインドマップ(Mind Map)®」の書き方を紹介します。ルールはいたって簡単ですが、書き方をきちんと理解して、ある程度の練習をしておかないと、有効に使いこなすことはできません。

本テキストでは、このあとの章で、マインドマップを活用する場合がありますので、ここで少し詳しく解説しておきたいと思います。

> 用意するもの：大きめの紙（B4 か A3 サイズ）、黒ペン、3 色以上の色ペン
>
> (1) 紙の中央にテーマとなる概念を書き込む。
> (2) そこから放射状に線を伸ばし、関連するキーワードを書き記していく。
> (3) さらに、それぞれのキーワードから放射状に線を伸ばしながら、思いつく言葉を次々に記して、枝分かれさせていく。
> (4) その際、ペンの色を変えたり、イラストを書き入れたり、関連する言葉に線や矢印を引いたり、グループごとに囲むなど、できるだけ視覚的に効果のある図を作る。メモを書き込んでもよい。

マインドマップの作り方

　右に掲載した図は、12 ページのノートをマインドマップで作り直したものです。授業のテーマは「知覚」についてでしたから、中央には「知覚」と記し、そこから枝を伸ばして、ノートの中に登場するキーワードを書き、枝を広げていきます。あとは自由に矢印を引いたり、メモやイラストを入れていけば出来上がりです。

　このような手順でマインドマップを作っていくと、テーマに関する理解や記憶をより深めることができるだけでなく、新しい課題の発見につなげていくことができます。マインドマップをマスターして、大学での学びをより豊かなものにしていきましょう。

POINT
マインドマップを活用して内容を視覚化していけば、ノートの可能性がさらに広がり、学びがより豊かになる。

EXERCISE 2　マインドマップを作る

(1) 自己分析のためのマインドマップを作ってみましょう。
(2) 他の授業で取ったノートをもとに、授業の内容を深め、新たな問題を発見するためのマインドマップを作ってみましょう。

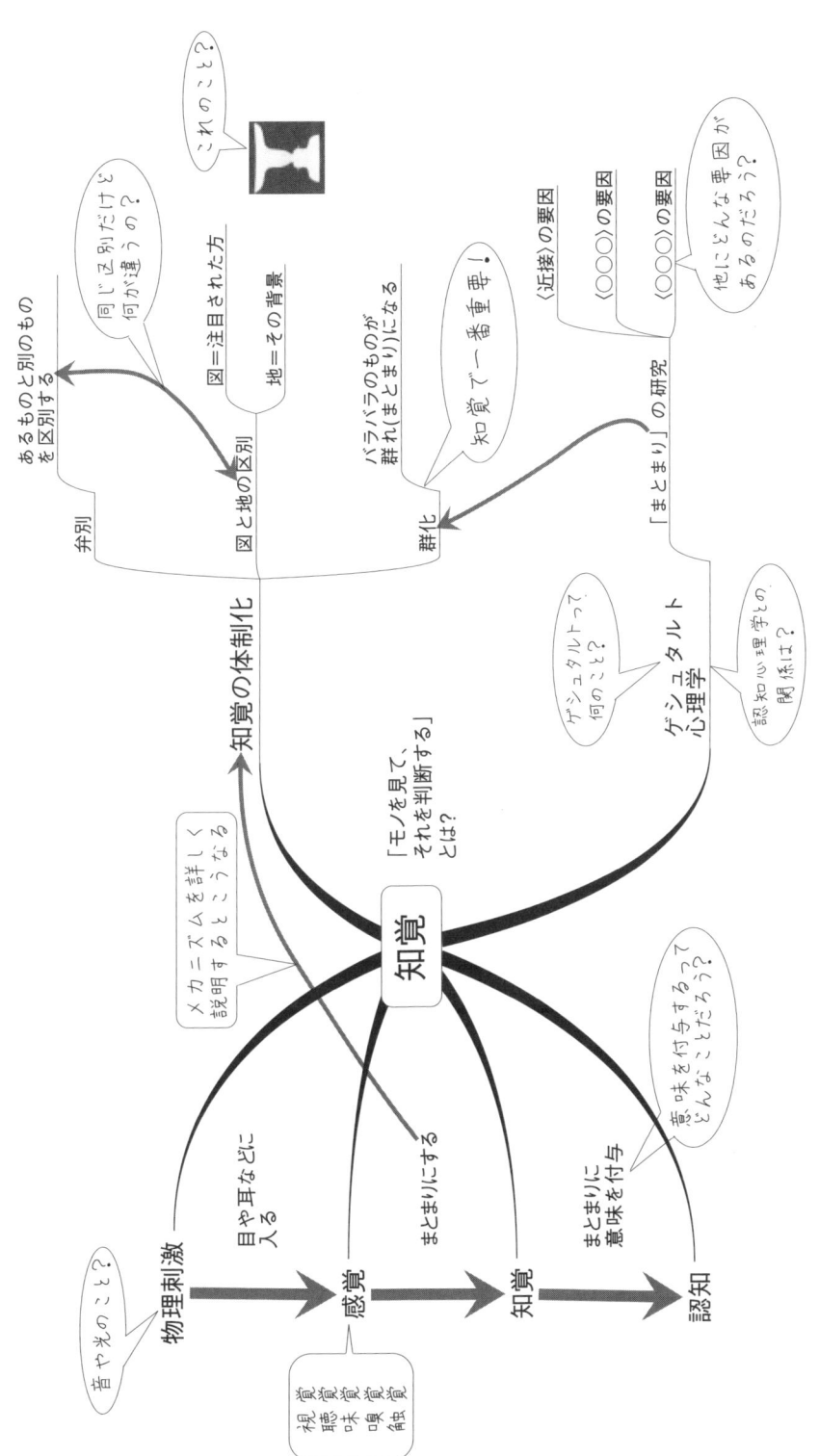

[知覚]をテーマに作成したマインドマップの例

第1章をふりかえって

第1章のポイント

● **実践的なノート・テイキング**

・ノート・テイキングの工夫

①接続詞に注意 ②美しさよりも速さ ③省略文字 ④レイアウトの工夫

・ノートをよりよくする工夫

①ノートを読み返す ②配付物の整理・保管 ③不明な点の確認

● **理解を深めるためのノート**

・マインドマップで視覚化する

自己評価する

1. ノート・テイキングの大切さをしっかりと理解しましたか。もう一度、考えてみましょう。
2. 授業内容を再現するノート、マインドマップによるノートの作成を練習しましたが、それぞれの感想をまとめてみましょう。
3. これからの大学生活（サークル活動、専門のゼミなど）や社会人になった際に、2種類のノート・テイキングをどのように活用できるか、考えてみましょう。

学びを深めたい人に

● **ノート・テイキングについてもっと知りたい人に**

1. 小原芳明監修、玉川大学コア・FYE 教育センター編、『大学生活ナビ』（第4章）、玉川大学出版部、2006年
2. 学習技術研究会編著、『知へのステップ 改訂版』（第2章）、くろしお出版、2006年
3. 北尾謙治他編、『広げる知の世界 大学でのまなびのレッスン』（第4章）、ひつじ書房、2005年

● **マインドマップをもっと使いこなしたい人に**

・トニー・ブザン、バリー・ブザン著、神田昌典訳、『ザ・マインドマップ 脳の力を強化する思考技術』、ダイヤモンド社、2005年

第2章 情報を集める

　第1章では、ノート・テイキングのスキルを、講義ノートの取り方を中心に学びました。しかし、大学での学びに必要な情報源は授業だけではありません。レポートを書いたり、研究発表するためには、自分で様々な情報を集めていかなければなりません。有益な情報を効率的に集められるようになれば、レポートや発表の質は大きく向上します。

　第2章では、文献・資料・情報を探すための主な情報源とその使い方について解説します。本章の内容は、情報リテラシー(情報活用能力)の基礎となるものですから、しっかり理解してください。

学習内容

○ 情報検索のための道具と、その使い方を理解する。
○ レポート作成や卒業論文に必要な図書・雑誌論文などを探す方法を学ぶ。
○ インターネットを利用した情報検索を学ぶ。
○ 著作権と剽窃(ひょうせつ)をめぐる問題を知り、情報倫理を身につける。

この章で身につく学びの力

1　情報検索力
2　情報収集力
3　図書館活用力

2.1 大学での学びと情報検索

2.1.1 情報検索の重要性

　大学での学びは、ただ授業に出席して、教員の話を聞いていればそれですむものではありません。授業の中でレポートの課題が出されることはよくありますし、演習授業などでは、研究発表をしなければなりません。そのような場面では、単に授業のノートを見返したり、教科書を読み直すだけでは不十分です。なぜなら、レポートやゼミ発表は、授業の内容をまとめることだけが目的ではなく、授業で取り扱った題材を自分なりに発展させ、新たに調査したうえで、自分の意見を提示することが求められているからです。

　このような場合に必ず必要になるのが、問題に対する様々なデータや意見などを収集するための情報検索です。情報検索は、手当たり次第におこなっても、うまくいきません。必要な情報を効率的に集め、それを自分の知的活動のために有効に活用していくスキル（情報リテラシー）が必要なのです。こうしたスキルをきちんと習得しておけば、その後の専門的学びを効率よく進めていけるばかりでなく、卒業後、社会に出てからも十分に役に立ちます。今のうちに、大学での情報検索のスキルをしっかりと身につけておきましょう。

2.1.2 大学の学びで必要な情報検索

　大学の学びでは、どのような検索方法が必要とされるのでしょうか。まずは、昔から利用されてきた、様々な印刷メディアを挙げることができます。さらに最近では、インターネットを使って検索したり、パソコンで利用できる電子媒体を使って検索することも普通になっています。これらの情報源を使いこなすスキルをしっかりと習得しましょう。

---

① 印刷メディア
　　一般図書・参考図書、新聞・雑誌など
② 電子メディア
　　インターネット、電子媒体のデータベースなど

POINT

大学での学びを効率よく進めるために、様々な情報源を使いこなす情報リテラシーの力を身につけよう。

2.2 様々な情報源

　ひとくちに情報といっても、その発信は、様々な形態でおこなわれています。たとえば、本や雑誌などの印刷物のかたちで情報が発信される場合もあれば、インターネットなどの電子媒体を通して情報が発信される場合もあります。それゆえ、情報を探す際には、どのような形態のものが必要なのかを考えなければなりません。まず、そうした情報の形態について、どのような種類のものがあり、またどのように利用できるのかを理解しましょう。

① 図書

　図書とは、いわゆる「本」一般のことを指しますが、大きく一般図書と参考図書に分けることができます。さらに細かく分類すれば、次のようになるでしょう。

一般図書

単行本	1冊ずつ単独で刊行される図書
新　書	B6判よりもやや小型サイズの比較的軽めの読み物を収めたシリーズ
文　庫	普及を目的とした小型A6判の廉価本のシリーズ

参考図書

辞　書	言葉や漢字を集めて、それぞれについて詳しく解説した書物
事　典	事柄を表す言葉を集めて、それぞれについて詳しく解説した書物
百科事典	学術、社会その他の広範な知識について解説した書物
統計資料、年鑑、白書、目録	様々なテーマについてのデータ集

　一般図書は、特定の分野やテーマについて書かれているもので、図書の中では最も多く出版されているものです。その内容は小説から学術書まで、多岐にわたります。内容を知るためには、タイトルや目次を参考にします（ 3.3 で詳しく学びます）。

　参考図書類は、非常に多くの情報が掲載されており、何十巻もある大部のものもあります。よく使われる国語辞典や英和辞典などの辞書類の他、様々な事柄を広く網羅した百科事典や、特定の専門分野の事柄を詳しく解説した専門事典まで、その内容は千差万別です。意味のわからない語句や、事実や項目についての概要・データなどを知りたいときに便利です。五十音順やアルファベッ

ト順に情報が載せられており、さらに、すぐに欲しい情報にたどりつける索引がつけられている場合もあります。

② 新聞・雑誌

　新聞や雑誌は、日刊、週刊、月刊といった一定の間隔で発行されるメディアで、そのときどきの事件や社会状況、流行などを取り扱うのが特徴です。世の中の流れに即応しており、様々な新しい情報を得ることができます。リアルタイムで起こっている出来事について調査・研究するためには欠かせない資料です。さらには、時間がたてば貴重な歴史的資料にもなります。新聞や雑誌が図書館に保存されるのも、そのためです。

　新聞は、以下のように分類できます。

新聞の分類

一般紙	政治、経済、社会的事件、スポーツ、娯楽等を幅広く取り上げる新聞
全国紙	一般紙のうち、5大紙(朝日・毎日・読売・産経・日経)に代表される、全国規模で発行される新聞
地方紙	北海道新聞、中日新聞、山陽新聞といった特定の地域を中心に発行される新聞
業界紙	日経金融新聞、日本工業新聞など特定の業界の情報を中心に取り扱う新聞
スポーツ紙	主にスポーツの情報を取り扱う新聞
機関紙・広報紙	団体や個人が活動内容を広報したり、連絡するための新聞

雑誌の分類

　雑誌は、大きく一般雑誌と学術雑誌に分類することができます。一般雑誌は、児童、学生、女性、家庭、趣味、文芸など、様々な読者層を対象に発行されるもので、取り扱う内容は多岐にわたります。

　学術雑誌は、特定の専門的な分野を研究する学会や研究会などが発行する雑誌で、出版形態や発行時期は様々ですが、定期的に刊行されています。これらの雑誌は専門的であるために、他の情報メディアよりも読者を選びますが、その分野における最新の専門的情報を入手することができます。

③ CD-ROM などのデジタル・コンテンツ

①、②で挙げた情報メディアは、最近では CD-ROM や DVD-ROM になっていて、書籍のかたちをとっていないことも多くあります。またウェブサイト上のデジタル・コンテンツになっていることも同様によくあります。すべてが無料ではなく、有料の場合もありますが、インターネットに接続したパソコンがあれば、利用することができます。

④ 音楽や映像などの視聴覚資料

この他、音楽・音声資料や様々な映像が CD やビデオ、DVD になっています。最近はパソコン１台あれば、ビデオ以外はすべてが視聴可能です。

POINT

情報メディアには、図書、新聞、雑誌、CD-ROM、DVD-ROM、インターネットなど様々な種類がある。それぞれの特徴をうまく活かして利用しよう。

2.3 インターネットで探す

今日では、インターネットはそれがない生活が考えられないほどに、日常的なものになっています。情報検索にインターネットをうまく活用しない手はありません。

2.3.1 検索サイトを使う

インターネットでの情報検索で、最も一般的な方法が、検索サイト（サーチエンジン）の利用です。インターネットの代表的な検索サイトには、GoogleやYahoo!などがあります。使い方はいたって簡単です。まず、そのウェブサイトにアクセスします。Internet Explorerなどのブラウザを開いて、Google（http://www.google.co.jp/）やYahoo!（http://www.yahoo.co.jp/）のサイトにアクセスしてみましょう。

Googleの検索ページ

入力欄に検索したい語を入力して、検索ボタンを押すと、検索結果が表示されます。このとき、入力するキーワードは1語のみではなく、関連するキーワード2語あるいは3語を、スペースで区切って入力することが肝要です。というのも、たいていの場合、1語のみで検索しても、ウェブページの絞り込みが不十分だからです。

検索のときには、入力する単語に気をつけよう！

　たとえば、「自動タコ焼き器に関する特許情報」を探したいというとき、「タコ焼き」という言葉だけでは、すべての情報を検索することはできません。「タコ焼き」には、「たこやき」、「たこ焼き」、「蛸焼き」、「タコヤキ」といった様々な表現がありますし、コンピュータ自体が、これらを別々のデータとして扱うからです。

　調査したい事柄によっては、いくつもの検索語を入れても、自分の必要な情報がヒットしない場合もよくあります。その際には、検索条件をもっと複雑に指定できる検索オプションのページを利用します。これをうまく使いこなすことで、知りたい情報が掲載されているウェブページを効果的に絞り込むことができます。

Googleの検索オプションのページ

2.3.2 蔵書検索システムを使う

　あらかじめ、利用したい参考図書、新聞、雑誌が決まっている場合、近くにある公立図書館や自分が通う大学の図書館の「蔵書検索システム OPAC(Online Public Access Catalog)」にアクセスする方法もあります。これによって、自分の欲しい文献がどの図書館にあるかがすぐにわかります。

　この他、蔵書検索のために役に立つデータベースをいくつか紹介しておきます。

代表的な蔵書検索システム

名称	運用機関	内容	URL
NDL-OPAC	国立国会図書館	国内最大級の書誌データベース。データとしては、図書、雑誌論文、点字図書、録音図書、古典籍など多岐にわたっており、検索の最初の手がかりとなる。	http://opac.ndl.go.jp/
Webcat Plus	国立情報学研究所	テーマに関連する情報を探し出す「連想検索機能」がついた国内刊行図書・雑誌のデータベース。1260万件以上を収録する国内最大級のデータベース。	http://webcatplus.nii.ac.jp/
Amazon	アマゾン	オンラインショッピングサイトの代表。国内外で出版されている図書を検索でき、同時に「カスタマーレビュー」として、実際に購入した人の意見を知ることができる。	http://www.amazon.co.jp/
青空文庫	青空文庫	著作権切れの文学作品の内容を電子化した全文データベース。収録作品は5700冊以上。	http://www.aozora.gr.jp/

2.3.3 インターネット上のデータベースを使う

みなさんが知りたいことの多くは、「○○○とは何か」、「△△△とはどういう出来事か」といった言葉の意味や定義、あるいは様々な事柄についての基礎的な知識でしょう。通常は、これらの情報を調べるためには、辞書や百科事典などを使いますが、じつはインターネット上にも、このような「○○○とは」という問いを調べられるウェブページがあるので、これらを利用しましょう。

代表的な辞書・百科事典データベース

名称	運用機関	内容	URL
Excite 辞書（無料）	Excite	英和、和英、国語、中日、日中の各種辞書が検索できる。	http://www.excite.co.jp/dictionary/
三省堂 Web Dictionary（一部無料）	三省堂	三省堂の各種辞書が検索できる。英和、和英、国語辞典の検索は無料。	http://www.sanseido.net/
Wikipedia（無料）	ウィキペディア財団	インターネット上の百科事典。個人の知識を集めれば、専門家の知識をも超えるという思想のもとに作られたシステム。	http://ja.wikipedia.org/
ネットで百科（有料）	㈱日立システムアンドサービス	世界大百科事典をベースにしたWeb百科事典。『マルチメディア年鑑』、『デジタル地図帳』など、電子媒体特有の機能が付加されている。	http://ds.hbi.ne.jp/netencyhome/
Japan Knowledge Net Advance（有料）	小学館 Group	百科事典、辞書、ニュース、学術サイトのデータベース（日本大百科全書含む）。	http://www.japanknowledge.com/

2.3.4 インターネット情報の限界

インターネットは情報検索をするのにとても便利ですが、そこには限界があることも忘れてはなりません。その点を理解したうえで利用しないと、思わぬ失敗につながってしまいます。

① 情報の信頼性

インターネット上には、信頼できる情報と信頼できない情報とが混在しています。インターネットでは個人レベルでの情報発信がきわめて容易で、ウェブサイトやブログを簡単に立ち上げることができます。しかしその反面、それらの情報の中には、あまり信用できない情報が含まれている危険性があるのです。なぜなら、個人レベルで発信される情報、とくに掲示板(BBS)では、責任をともなうチェックがほとんどなされていないからです。インターネットで情報収集する場合、個人のウェブサイトなどよりも、大企業や政府官庁のウェブページやデータベースのほうが、情報の信頼性が高いと考えたほうがよいでしょう。なぜなら、これらのウェブサイトは、それぞれの管理者が責任をもって情報を公開しているからです。

また、インターネットの情報サイトには、有料サイトと無料サイトがあります。信頼できる無料サイトも多いですが、やはり有料サイトのほうが信頼性が高いのが事実です。よい情報もまた、ただでは手に入りにくいものだと考えてください。

② 情報の持続性

インターネット情報のもう1つの弱点は、その中身がたえず書き換えられるという点にあります。これは、情報の内容が新しいものにすばやく更新されていくということであり、インターネットならではの利点なのですが、逆にみれば、情報に持続性がないという弱点でもあるのです。印刷された図書に記載されている情報はいつでも同じであり、その内容をいつでも再確認することができます。この情報ソースを再確認できることが、口頭発表やレポートにその情報を引用するうえでの重要な条件です。ところが、インターネットで獲得した情報はたえず変化するので、次にページを見るときには、その情報は再確認できないかもしれないのです。これに加えて、URLの変更、サイトの閉鎖、サーバーの不具合などにより、閲覧さえできなくなってしまうかもしれません。

このように、インターネットの情報はとても有益なのですが、紙媒体の情報源に劣る部分も持っています。インターネットから情報を入手しても、それで

安心せず、その情報を裏づけてくれる紙媒体の図書なども同時に探しておくとよいでしょう。

> **POINT**
> インターネット検索は、目的により使い分けよう。インターネット情報には弱点もあるので要注意。

EXERCISE 1　インターネットで情報を集める

第1章で作成した認知心理学のノートを見て、関心ある用語についての情報を、インターネットのデータベースを使って集めてみましょう。

2.4 大学図書館で探す

　大学生が情報を調べる際に、最も身近で頼りになるのは、自分が通う大学の図書館です。大学図書館は、公立の図書館よりも専門的で学術的な資料を多くそろえています。大学図書館の資料を維持し、サービスを提供するのに、みなさんが大学に支払っている学費の一部が使われていますから、みなさんには大学図書館を利用する権利があります。みなさんが大学で学ぶために存在する施設なのですから、これを活用しない手はありません。大学図書館では、図書の貸出と返却の他にも、様々なサービスが利用者に用意されていますので、大学図書館をぜひ有効に利用しましょう。

2.4.1 図書館の蔵書検索システムを使う

　大学図書館でも、インターネットを使って、どのような本が所蔵されているかを検索することができます。大学図書館では 2.3.2 で紹介した「蔵書検索システム OPAC」が使われており、どの大学図書館でも、検索方法に大差はありません。まずは、自分の大学の図書館のウェブサイトにアクセスして、蔵書検索の方法を調べましょう。

　出てきた所蔵データによって、開架式の棚にある図書であれば、自分で棚まで探しにいきます。もし閉架式の棚に所蔵されているのであれば、カウンターで閲覧や貸出の手続きをします。

　多くの大学図書館では、蔵書検索システムの他、雑誌論文や学術論文を検索するための有料データベースの検索システムと契約していて、一般では有料の検索を無料で利用できる場合が多くあります。以下に、雑誌論文や学術論文を検索するのに有効なデータベースをいくつか挙げておきます。とりあえず、必要な雑誌論文・雑誌記事を探すときに、自然科学系の情報は J-Dream II、自然科学系以外の情報は CiNii（サイニイ）、Magazine Plus というようにおぼえておくとよいでしょう。

代表的な雑誌検索システム

名称	運用機関	内容	URL
雑誌記事索引(無料)	国立国会図書館	我が国の代表的な雑誌論文・記事検索のデータベース。1948年以降、学術雑誌を中心とした約16,000誌。	http://opac.ndl.go.jp/
CiNii(サイニイ)（一部無料）	国立情報学研究所	990万件以上の学術論文データベース。引用データを手がかりに論文を検索できる。	http://ci.nii.ac.jp/cinii/servlet/CiNiiTop/
Magazine Plus(有料)	日外アソシエーツ	916万件にのぼる国内最大の雑誌・論文情報データベース。人文社会系の年次研究報告や学術論文集59万件を含む。	http://web.nichigai.co.jp/nga/welcome.do
J-Dream Ⅱ(有料)	科学技術振興機構	国内外の科学技術情報のデータベース。国内最大級で3900万件のデータを収録。抄録つき。	http://pr.jst.go.jp/jdream2/

2.4.2 参考図書コーナーを使う

　大学図書館には必ず参考図書コーナーがあります。参考図書コーナーには、辞書、事典、百科事典など、基本的な情報を提供してくれる図書の他、統計資料、年鑑、白書、目録など、多くのデータ集が並べられています。また、日本語のものだけでなく、外国語のものまで配架されています。

　これらの参考図書類は、最近ではCD-ROM・DVD-ROM化、あるいはインターネット上でデータベース化されていることが多く、さらに手軽に検索することができます。自分の大学図書館で、どのようなデータベースが使えるかを知っておくと、いざというときに便利です。

2.4.3 新聞・雑誌の閲覧コーナーを使う

　たいていの図書館には、新聞や雑誌の閲覧コーナーがあります。新聞は5大紙などの全国紙はもちろんのこと、地方紙や外国の著名な新聞も定期購読されており、自由に読むことができます。新聞は過去数ヶ月分が置いてある他、もっと過去の新聞を見たい場合は、縮刷版やデジタルデータで読むことができます。

雑誌についても新聞と同様で、過去数週間および数か月分は閲覧コーナーで見ることができますが、バックナンバーは合本して、別の書庫で保管されていることがほとんどです。

大学図書館が一般の公立図書館と大きく違うのは、一般雑誌以外に、学術雑誌や専門学会誌も多く所蔵しているところです。こうした雑誌も、たいていは開架式になっていて自由に閲覧することができます。最近のものをのぞいて、バックナンバーは一般雑誌のように合本製本して、館内の別の場所に所蔵されているのが普通です。新聞や雑誌のバックナンバーを閲覧する際は、カウンターで尋ねてみましょう。

2.4.4 関連書架をあたる：日本十進分類法

これまでの情報検索の方法は、あらかじめ検索サイト、蔵書検索システム、データベースなどを使用して調べるものでしたが、図書館では、これとは別の方法で資料を調べることができます。

それは、特定のテーマで配置された書架へ直接足を運んで、蔵書にあたるという方法です。書架まで足を運ぶ利点は、自分の目で直接、そのテーマに関する図書をすべて手にとって内容を確認することができる点です。図書の背表紙を見て、かたっぱしから選んでいくことができますし、検索ではうまく見い出せなかった図書を、書架で思いがけなく発見することもあります。図書をすぐに自分の手で取って、目次を見たり、内容の確認をできるところが、図書館利用の醍醐味といえます。

図書館にある図書は、「日本十進分類法」で分類されており、特定のテーマごとにそれぞれ分類番号が与えられています。図書館で本を探すときには、まず、この表で分類番号を確認してください。

日本十進分類法による分類

000 総記（General works）			
010	図書館・図書館学	060	団体
020	図書・書誌学	070	ジャーナリズム・新聞
030	百科事典	080	叢書・全集・選集
040	一般論文集・一般講演集	090	貴重書・郷土資料・
050	逐次刊行物		その他の特別コレクション
100 哲学（Philosophy）			
110	哲学各論	160	宗教
120	東洋思想	170	神道
130	西洋哲学	180	仏教
140	心理学	190	キリスト教
150	倫理学・道徳		

200 歴史(History)			
210	日本史	260	南アメリカ史
220	アジア史・東洋史	270	オセアニア史・両極地方史
230	ヨーロッパ史・西洋史	280	伝記
240	アフリカ史	290	地理・地誌・紀行
250	北アメリカ史		

300 社会科学(Social sciences)			
310	政治	360	社会
320	法律	370	教育
330	経済	380	風俗習慣・民俗学・民族学
340	財政	390	国防・軍事
350	統計		

400 自然科学(Natural sciences)			
410	数学	460	生物科学・一般生物学
420	物理学	470	植物学
430	化学	480	動物学
440	天文学・宇宙科学	490	医学・薬学
450	地球科学・地学		

500 技術(Technology)			
510	建設工学・土木工学	560	金属工学・鉱山工学
520	建築学	570	化学工業
530	機械工学・原子力工学	580	製造工業
540	電気工学・電子工学	590	家政学・生活科学
550	海洋工学・船舶工学・兵器		

600 産業(Industry)			
610	農業	660	水産業
620	園芸	670	商業
630	蚕糸業	680	運輸・交通
640	畜産業・獣医学	690	通信事業
650	林業		

700 芸術(The Arts)			
710	彫刻	760	音楽・舞踊
720	絵画・書道	770	演劇・映画
730	版画	780	スポーツ・体育
740	写真・印刷	790	諸芸・娯楽
750	工芸		

800 言語(Language)			
810	日本語	860	スペイン語
820	中国語・その他の東洋の諸言語	870	イタリア語
830	英語	880	ロシア語
840	ドイツ語	890	その他の諸言語
850	フランス語		

900 文学(Literature)			
910	日本文学	960	スペイン文学
920	中国文学・その他の東洋文学	970	イタリア文学
930	英米文学	980	ロシア・ソヴィエト文学
940	ドイツ文学	990	その他の諸文学
950	フランス文学		

2.4.5 視聴覚資料を利用する

大学図書館には、映像資料や音楽 CD といった視聴覚資料も多く所蔵されています。館内には、これらの視聴覚資料を閲覧できる AV 機器が設置されていますから、すぐにその場で視聴することが可能になっています。

2.4.6 レファレンス・カウンターで尋ねる

いろいろ自分で検索したり、図書館内を調べてみたけれど、欲しい文献がないという場合、頼りになるのがレファレンス・カウンターです。カウンターにいる図書館員は、図書館のことに通じているプロフェッショナルですから、いろいろ相談にのってくれます。レファレンス・カウンターを利用するときには、あらかじめ質問や相談内容をしっかりと考えておくことが大事です。

求めている文献が大学図書館にないときには、レファレンス・カウンターで、以下のようなサービスが提供されています。欲しい文献の種類や可能な期日をカウンターで相談して、サービスを使い分けるといいでしょう。

- 他大学(機関)の図書館へ閲覧に行く
- 他大学(機関)より図書を借用する
- 国内外の他大学(機関)の文献の複写を取り寄せる
- 購入希望を出す

POINT

大学図書館は、本を借りるだけの場所ではない。何ができるかをきちんと知り、使いこなそう。

EXERCISE 2　図書館で情報を集める

自分の大学図書館で、次の問題をめぐる情報を、単行本、文庫、雑誌記事、新聞記事、学術論文などから集めてみましょう。

(1) 地球温暖化
(2) 少子化

2.5 情報倫理に配慮する

2.5.1 著作権

　これまでは、いろいろな情報を獲得する方法について学習してきましたが、こうした情報のほとんどには、「著作権」が存在します。著作権とは、「著作物を創造した著作者が有する権利」のことです。わたしたちが情報として利用している新聞記事、書籍、雑誌、音楽のメロディーおよび歌詞、映画にもそれぞれ著作者が存在していて、著作者はこの著作権を持っているのです。

　著作権者は、自分の著作物に対する様々な権利を持っており、その権利は著作権法により、一定期間保護されます。日本では著作権の保護期間は「著作者の死後50年」となっていますが、アメリカ、フランス、イギリス、ドイツ、イタリアなどでは、70年までとなっています。著作権の保護期間に関する議論は現在も続いています。

　この著作権を所有する著作者を保護するために、他人の情報を勝手に自分のものとして利用することが禁じられています。図書館においても、コピーできるのは「所蔵資料の一部」だけと規定されているのは、このためです。

　では、なぜ著作者は著作権という特別な権利を認められているのでしょうか。そして、利用者はなぜ著作権を侵害してはいけないのでしょうか。

　たとえば、希少動物の生態を収録した映像があるとします。そして、その映像は撮影するのが非常に困難で、莫大な費用をかけて収録することに成功した非常に貴重なものだとします。こうした映像の資料的価値はきわめて高いもので、これが専門的な研究に活用されたり、あるいは自分たちで複製して販売することで、利益を上げることができます。

　しかし、この貴重な映像を誰かが勝手に複製して市販したり、インターネットで誰でも鑑賞できるようになったとすれば、どうなるでしょうか。この映像を撮影するために努力した人たちが費やした時間、費用、労働力その他すべてが、まったく関係ない第三者の不当な利益になったり、貴重さゆえの資料的価値がだいなしになってしまいます。この場合、最初に貴重な映像を撮影した人が「著作者」であって、その撮影した映像に生じるのが「著作権」なのですが、これが守られなければ、最初に努力した人たちの様々な負担は誰が補償してくれるのでしょうか。

　もし非常な苦労のうえに創造されたモノの権利が、創造した人物の所有にならないとすれば、すなわち「著作権」が認められなければ、努力して、何かを創造する人(「著作者」)はいなくなってしまいます。誰か他人が創ったモノを自分のモノとして利用すればいいのですから。しかし、このような事態が続けば、

最終的には、いわゆる「文化」の発展はなくなってしまうでしょう。

　近年、パソコンやインターネットの普及によって問題化しているのが、この著作権をめぐる倫理です。パソコンを使えば、文章、画像、映像、音声の複製はきわめて容易です。また、パソコンを使って複製された「海賊コピー」をインターネットによって世界中に公開したり、それによって違法な収益を上げることも、簡単にできてしまいます。しかし、著作権を侵害するこれらの行為は、法律で禁止されており、れっきとした犯罪なのです。すでに裁判で訴訟になっているケースも数多く存在しています。

> 著作権を侵すことは、犯罪である

　このことを肝に銘じてください。

2.5.2　剽窃と引用

　ひょっとしたら、みなさんは「著作権の問題は自分には関係がない」と思っているかもしれません。しかし、口頭発表、レポート、卒業論文などを制作する際には、著作権の問題は、みなさんに直接関係するものになります。みなさんは、発表やレポートの準備の際に、本章で学んだ情報検索のテクニックを駆使して様々な情報を集めます。そこで調べられた情報源から、他人の書いた文章を、あたかも自分の文章であるかのように剽窃（丸写し）したらどうなるでしょうか。悪気なくやったことかもしれません。しかし、その行為は、著作権の侵害という立派な犯罪であり、してはならないことなのです。

　それに、このような行為は、大学での学びの目的そのものにも反しています。なぜなら、大学での学びは「自分で積極的に考える」ということが前提だからです。大学は自分で考えるという訓練の場でもあって、この力こそが将来の社会人となったときに不可欠な能力です。それを鍛えようとせずに、他人の手になる情報や意見を安易に「自分のモノ」としてしまう剽窃という行為は、大学で学ぶ姿勢そのものを放棄するものです。

　剽窃行為はたいてい、大学の教員には通用せずに見抜かれてしまいます。発覚した場合には、よい成績がもらえないばかりか、処罰の対象になる場合もありえます。くれぐれも、そのようなことのないように気をつけてください。

　では、著作権を侵害しない「正しい情報の使い方」とは、どのようなものでしょうか。他人の情報や意見を用いる際には、それが他人のものであって、自分のものではないと「断り書き」をすればよいのです。つまり、「引用」であると示すのです。出典データの表記方法はいろいろありますが、必要なのは、著

者名、訳者名、出版・発行年、タイトル、出典雑誌・新聞などのタイトル、号・巻数、頁数などです。 4.6.3 に具体例がありますので、ご覧ください。

　口頭発表やレポートでは、他人の意見と自分の意見が別のものであることを明確にしましょう。これによって、一所懸命に考えた自分の考えや意見が「自分のモノ」であることをはっきり示すことができます。そして、それを導き出してくれるきっかけになったのが「引用」した他人の意見であるとわかるように、「出典データ」を書き記しましょう。それが、その人物に対する敬意をも表すことになるのです。

剽窃と引用の違い

剽窃	引用
・自分の意見として偽る	・他人の意見として提示
・引用であることが述べられていない	・引用であると述べられている
・出典の情報を書いていない	・出典の情報を書いている

POINT

著作権の大切さを知り、剽窃に気をつけよう。情報は「引用」として利用しよう。

第2章 をふりかえって

第2章のポイント

●**情報源**
　①図書（一般図書と参考図書）　②新聞・雑誌
　③CD-ROMやインターネット　④視聴覚資料

●**インターネットでの検索**
　①検索サイトを使う　②蔵書検索システムを使う
　③データベースを使う

●**大学図書館での検索**
　①蔵書検索システムを使う　②参考図書コーナーを使う
　③新聞・雑誌の閲覧コーナーを使う　④書架で直接探す
　⑤レファレンス・カウンターの利用

●**情報倫理**
　・著作権の重要性
　・剽窃ではなく引用を

自己評価する

1. インターネットや大学図書館の使い方を、もう一度確認しておきましょう。

2. 必要な情報をうまく集められましたか。どうすればもっと効率的にできるか、もう一度考えてみましょう。

3. 著作権のことを理解しましたか。なぜ剽窃がいけないのかを、もう一度自分で説明してみてください。

学びを深めたい人に

●**インターネットによる情報検索について、もっと詳しく知りたい人に**
　・小笠原喜康著、『インターネット完全活用編 大学生のためのレポート・論文術』、講談社現代新書、2003年

●**大学図書館についてもっと詳しく知りたい人に**
　・自分の大学図書館が発行している図書館ガイドブックやマニュアルを読んでみましょう。

column　スタディ・スキルを活かす ❶

ゼミの中で

■ 思考の拡散と収束

　このテキストでは、メモ・ノートを取ったり、情報を集めたり、ディスカッションしたりするという断片的な事柄について、それぞれのスキル獲得の方法について学びます。そこでは、その都度、適当な共通の「関心事」を設定して、その関心事の内容についてではなく、むしろそのスキル獲得に焦点をあてています。内容という観点からすれば、あれこれ、思考のテーマが拡散していく感があることでしょう。一種の「バラバラ」感ですね。人によっては「お遊び」感があるかもしれません。

　ゼミが始まると、今度はある一定の方向にその思考を収束させていかねばなりません。専門の学びとは、そういう、自分の関心を持った事柄についての徹底した追及・探索・研究ということになります。そこでは、自分が設定した「問題」の「解決」に向けての収束的な思考が要求されることとなります。

■ 学習から学びへ

　どのスキルを使うにしても、それを使う学生のスタンスは大きく2つに分かれます。

　たとえばノート・テイキング。小学生の頃を思い出してみれば、先生が板書したことを、ノート取り用の時間を設定してもらって、いっせいにノート取りをしましたね。中学・高校でも「教えてもらっている」という態度で、それがやがて何に役立つのかとかいった雑念を振り払って、あるいはそういう発想は全くせずに、板書の事項あるいはちょっとした先生のギャグなどをノートに取っていたことを思い出すでしょう。

　このような、「知識は与えられるものであり、やがてそれはどこかで役に立つだろうから今はひたすらおぼえておくことに専念しよう」というスタンスを「学習」のスタンスと呼びます。

　大学生の上位年次になり、ゼミが始まっている段階でそういうスタンスで授業に臨んでいるようでは困ります。この「学習」のスタンスで決定的に欠けているのは、誰が何のために学んでいるのかという主体性の認識と方向性の確認の感覚です。それらが加わったスタンスを「学び」と呼びます。

　インターネットで情報収集するときでも、学習のスタンスでのそれか、学びのスタンスでのそれかによってその質には大きな違いがあります。

■「自分」のアイデンティティ

　「学び」はいわば、自分について、どこから来て、今どうで、どこに行こうとしているのか、そのためには何をすべきかという、自分の探求・完成をめざした活動だということがで

きます。リーディングやライティングのスキルについても、「学習」であれば著者が主体ですが、「学び」の場合は、その著者のこの発言が自分にとってどういう意味を持つか、というように、あくまでも「自分」が主体となります。学びの主体である「私」を抜きには「知識」はあり得ないのです。

常に「私」が主体ですから、学びはしんどいのです。学習のほうがずっと気楽です。しかしながら、大学で学ぶ、というのはまさにこうした、アイデンティティ形成と結びついた学びの連続であり、それを経験しないで卒業してしまうほど不幸なことはありません。

ゼミでの学びは、こうして知識の獲得（ノート・テイキング、情報収集、リーディング）、知識の加工・創造（ライティング）、知識の共有（プレゼンテーション、ディスカッション）、知識の相対的比較（ディベート）すべての相で「自分」を鍛えていきます。学びはしんどいのですが、実は最大の快感でもあります。

学習は「勉強」という概念とよく似ています。勉強の「勉」という字は、つとむ（勤）はげむ（励）という意味であり、「勉強」とは「難しいことを強いてつとめる」「もともと無理があることをあえてする」という意味です。学習がなぜ「無理を強いている」か、おわかりですね。そこには学習主体の配慮がなく、個人差におかまいなく均一な知識獲得を「強要」しているからです。「私」の出番はないし、「私」が出てはいけないのです。

ゼミでの「学び」はそこから解放されます。常に「私」が主体で、他からの強要はありません。強要はストレスにつながりますが、学びはそこから解放され、自分の変化の実感をその都度確認できます。これ以上の快感はありません。

■ スキルからコンテンツへ

「学び」はその対象・内容（コンテンツ）についての知識の獲得・運用につながっているために、注意や関心は常にそのコンテンツに向かっていなければなりません。窓の外の景色（コンテンツ）を楽しもうとするとき、その窓なしではコンテンツには到達できません。またその窓は限りなく透明でなくてはいけません。

同様にインターネットで関心のある事柄の情報を得ようとすれば、パソコンの使い方、検索の方法を知らなくては、そうした関心事（コンテンツ）に到達できません。

このように、専門的な内容に入っていく大学上位年次では、そのコンテンツを獲得・操作するためのスキルが自在に使えなくてはその学びは本物とはいえません。スキルが自在に使えるとは、そのスキルを使っていることを意識しないことです。窓と同様に諸スキルが限りなく透明になっていくことが必要です。メディアやスキルの透明性を確保するためにそれ自体を見つめているのが本書なのです。上位年次になったとき、その透明性が確保できたらきっと再び本書を手に取り、後輩に勧めることになるでしょう。

第3章 リーディング

　リーディングは、大学での学びにおいて最も基本的なスキルの1つです。リーディングのスキルは、大学での学びのあらゆる場面で必要とされるものですので、早い段階でこのスキルの訓練をしておくと、その後の学びをより効果的に進めることができます。第3章では、このリーディングに関わる様々なノウハウを取り上げ、段階的に訓練していきます。
　まず、リーディングとは何かを学んだあと、様々な種類のリーディングについて、実践的な訓練をおこないます。また、上位年次や社会で求められる、クリティカル・リーディングについても学びます。

学習内容
- 大学の学びにおけるリーディングの基礎知識を得る。
- リーディングの方法を、段階をふんで具体的に訓練する。
- 要約の方法を学ぶ。
- 批判的な読み方とはどのようなものかを知る。
- リーディングによって得た情報を記録する方法を学ぶ。

この章で身につく学びの力
1　読解力
2　理解力
3　批判的思考力
4　情報整理力

3.1 大学での学びとリーディング

3.1.1 リーディングの重要性

　リーディングというと、みなさんは、小説などの書物を読むこと(読書)をイメージするかもしれません。しかし、こうした狭い意味での読書だけがリーディングではありません。文字によって書かれた情報は、必ずしも書物だけとは限らないからです。たとえば、われわれが毎日読む新聞も文字情報ですし、雑誌の記事も文字情報です。さらに、インターネットの情報やメールの内容も、立派な文字情報です。こうした様々な情報は、内容の違いや分量の差はありますが、文字を使って何らかのメッセージを読む者に伝えようとしている点では同じです。このような情報を読み、その中からメッセージを読み取る行為は、すべてリーディングといえるのです。

　さらにいえば、メッセージを伝える媒体は、文字だけとは限りません。たとえば、表やグラフは、文字とは別の方法で、何らかのメッセージを伝えようとしていますから、その情報を読み解くこともまた、一種のリーディングといえます。

文字情報	非文字情報
書物	音声
新聞、雑誌	映像
インターネット、メール	表、グラフ

　このように考えると、われわれは、何らかの情報に触れる際には、そこからメッセージを読み取るリーディングの作業をおこなっていることがわかります。リーディングのスキルは、われわれの生活において、なくてはならないスキルなのです。

　最近、若者の活字離れが問題視され、心配されるようになってきました。日常的に本を読む若者が少なくなり、書物が売れなくなってきたのです。この現象を憂慮する人もいますが、別の見方をすれば、若者の情報源が急速に多様化していることの現れであるともいえます。現代社会では、書物以外の文字情報がかつてなかったほど増加しています。

　われわれは、いつもこうした多様な文字情報にさらされ、それを読みながら生活しているのです。こうしたわれわれの状況から見て、リーディングのスキルの必要性は、小さくなるどころか、逆に大きくなっているように思われます。

3.1.2 大学生活で必要なリーディング

　大学生活の様々な場面で、リーディングのスキルが必要とされますが、最も触れる機会が多くて重要なのが、授業の中でおこなわれるリーディングです。このようなリーディングでは、みなさんが今まで触れてきた文章とは、やや異質な文章が取り扱われることが多くなります。次節で詳しく解説されるように、高度で専門的な内容と論理的な構造を持った文章であることが多いのです。このような文章は、今までの文章の読み方では、その内容を効率的に理解することはできません。そこで本章では、専門的文章の読解を中心にリーディングの訓練をしていくことにします。

3.1.3 社会生活とリーディング

　大学での専門的なリーディングは、実社会でのリーディングとは関係が薄いように見えるかもしれませんが、そうではありません。たしかに、読むものの内容は異なりますが、内容がどのようなものであれ、リーディングの基本的なスキルは共通の部分が多いからです。大学の授業の中でつちかった専門的なリーディングのスキルは、日常生活における様々なリーディングにそのまま応用できるのです。

社会生活でのリーディング
- 本を読む
- 新聞、雑誌を読む
- メールを読む
- 説明書、契約書を読む　…

　さらにまた、実社会においても、学問的に高度な内容は持たないとしても、論理的な構造を持った文章を読む機会はたくさんありますし、そのような機会は、これからはますます増えていくことでしょう。こうした場面では、大学での学びでつちかったリーディングのスキルが大いに役立ってくれるはずです。

　大学では、クリティカル（批判的）に文章を読むリーディングが重視され、情報に対するクリティカルな目が養われます。このクリティカルな目が、社会生活でのリーディングの中でも力を発揮するのです。

POINT

大学の学びでつちかったリーディングのスキルは、実社会においても大いに役立つ。

3.2 様々な文章とその読み方

3.2.1 様々な文章

　大学での学びにおいて読む文章には、様々な種類があります。では、それは具体的にどのようなものであり、また、どのような特徴を持っているのでしょうか。

　大学の授業において登場する機会の多い文章として、次のようなものを挙げることができます。

大学の学びで触れる機会の多い文章

教科書	・講義型の授業の中で使用されることが多い。 ・授業は教科書にそって、その内容を確認・解説しながら進められる。 ・授業時間以外に、予習・復習や試験の際などに使用する。 ・教科書を使用しない授業では、授業内容をまとめたレジュメが配付されることが多い。
授業資料	・授業で配付される授業の内容に関する補助的資料。 ・口頭や板書での説明が難しい、書物からの抜粋、図版、統計資料など。
研究書・論文	・授業の内容に関わる専門的な研究書や論文。 ・通常の授業で使用されることは少なく、参考資料として紹介される程度だが、レポートを作成する際などには、読まなければならない。 ・演習型の授業では、研究書や論文が取り上げられ、発表やディスカッションがなされる場合がある。
原典	・研究対象となる古典文献。 ・文学作品に限らず、人文・社会科学の古典的文献が、授業の中で取り上げられることも多い。 ・演習型の授業で、古典的文献が教材として取り上げられることもある。 ・授業内容が専門的になるにつれて、原典を読む機会が増える。

　これらの文章の特徴は、内容的に高度で専門的な情報を取り扱っている点にあります。また、その多くは、何らかの意見や見解を伝えるために、論理的に組み立てられた、構造のある文章です。

　次節からは、このような、大学で学ぶ機会の多い文章の読解方法を中心に解説していくことにします。

3.2.2 様々な読み方

大学での勉学において読む文章の種類は多様です。こうした文章の種類の多様さだけでなく、文章の読み方についても、様々な方法があります。これらの方法のそれぞれをきちんとマスターし、目的に応じた使い分けをすれば、学びをより効率的に進めることができます。

文献の一般的な読み方として、次の2つのタイプがあります。

(1) エクステンシブ・リーディング
(2) インテンシブ・リーディング

エクステンシブ・リーディングでは、テーマに関係する文献を、できるだけ幅広く、たくさん集めて、大雑把に内容を把握していきます。その際、あまり細部にはこだわらず、内容全体を手早く把握するように心がけます。そして、できるだけたくさんの関連文献に目を通していくのです。この読み方は、レポート作成やゼミの発表などの際の調査において効果的です。

エクステンシブ・リーディングで幅広く情報を集めるには、2つの方法を駆使します。1つは「スキミング(飛ばし読み)」です。これは、文献全体にざっと目を通し、その文献の内容を大雑把につかむ方法です。もう1つは「スキャニング(検索読み)」で、特定の情報に狙いを絞って、文献を検索していく方法です。目的に応じてこの2つの方法を使い分けることで、効率的に調査をしていくことができます。

これに対して、インテンシブ・リーディングは、読むべき文献を精選し、内容を細かく分析しながら、時間をかけて丹念に読んでいく方法です。この方法は、まずエクステンシブ・リーディングによって、読む必要のある文献を絞り込んでからおこなうと効果的です。エクステンシブ・リーディングで、文献の大意はすでに把握していますから、その情報をもとに、本当に必要な部分に焦点を絞って、丹念に内容を読んでいきます。なお、読むべき文献があらかじめ与えられている場合でも、事前にスキミングをおこない、大意を把握したうえで、インテンシブ・リーディングに入るとよいでしょう。

POINT

文章には様々な読み方がある。目的によって使い分けると、効率的なリーディングができる。

3.3 読解のスキル

3.3.1 文章の全体像を把握する

　この節からは、いよいよ、具体的な読解のスキルをみがいていくことにします。読解というと、文章の内容を詳しく丹念に読んでいくこと（インテンシブ・リーディング）と思いがちですが、必ずしもそうではありません。むしろ、文章を最初から丹念に読んでいく作業の前に、その文章で書かれている内容の全体像を大雑把につかみ（エクステンシブ・リーディング）、ポイントを押さえてから詳しく読んでいくことによって、より効率的に読んでいくことができますし、内容の理解も格段に向上するのです。

　では、文章の全体像を把握するためには、どのようにすればよいのでしょうか。次に、有効なテクニックについて解説していくことにしましょう。

① 題名から内容を想像する

　書物や論文、雑誌記事、新聞記事などには、必ず題名（書名、論題、記事の見出しなど）がついています。文献や記事の題名は、著者自身がその文献や記事の内容を的確かつ明確に表すようにつけたものですから、文献や記事の内容を知るための最初の手がかりとなります。

　たとえば、次の文献の書名を見て、内容を想像してみましょう。

> 家島彦一『イスラム世界の成立と国際商業　—国際商業ネットワークの変動を中心に—』（岩波書店、1991）

　この書名から、この文献の内容が、最近の国際ニュースでは必ずといっていいほど登場する「イスラム」に関係するものであることが想像でき、また「国際商業ネットワーク」という語句から、国際的貿易の話題をからめた内容であることも想像できます。

　このように、題名には必ず内容と密接に関係するキーワードが含まれているので、まずは題名を手がかりとして、内容を想像することから始めてみてください。

② オビなどの内容紹介文を見る

　書店に並んでいる本の多くには、表紙に「オビ」がついていて、簡潔にその本の内容が紹介されています。また、「オビ」がなくても、新書や文庫の場合、

表紙の内側や裏表紙に、やはりその本の内容が簡単に述べられていることがあります。この部分を読むことによって、その本の内容をより詳しく想像することもできます。たとえば、さきほどの『イスラム世界の成立と国際商業』の表紙の内側には、次のような内容紹介文がつけられています。

> 　イスラム世界は、七世紀以後西アジアからアジア・アフリカの広大な諸地域に展開し、人々の移動と経済・文化・情報の交流によって相互に深く結びついた、多重・多層の国際的な流動社会であった。本書は世界史の中軸をなしたイスラム世界の歩みを、形成・展開期であった七～十世紀半ばを中心に、史料に基づいて具体的に考察し、その上で十世紀後半以降の動向を展望する。

　この紹介文から、この本の内容がより詳しく想像できるようになります。すなわち、イスラム世界でも現代ではなく、7世紀から10世紀半ばという、イスラムが誕生し、拡大していった時代を取り扱った歴史関係の本であること、また、そのイスラム世界が閉鎖的世界ではなく、アジア・アフリカの各地域にまたがって存在した国際的社会であったことを述べようとするものだと想像できます。

③ 目次を見て、全体像を把握する

　書名・オビなどに付された紹介文を通じて、その本(論文・記事)の内容を大まかに想像できたら、次にその本の表紙を開いて、目次を見てみましょう。一般に書店で並んでいるような本には、必ずといっていいほど目次がついています。この目次によって、その本の全体像を知ることができるのです。では、『イスラム世界の成立と国際商業』の目次を実際に見てみましょう。

> はじめに
> 序論
> 第一章　ジャーヒリーヤ時代のアラビア半島をめぐる国際商業ネットワーク
> 第二章　アラブ・ムスリム軍による大征服運動と新しいネットワークの形成
> 第三章　アッバース朝の成立と国際商業ネットワークの形成過程
> 第四章　十世紀後半以後のイスラム世界における国際商業ネットワークの変容過程

この目次から、まず、この本は序論と本論から構成され、本論は全4章から成り立っていることがわかります。次に細かい内容を見ていくと、第1章では、ジャーヒリーヤ時代すなわちイスラム教誕生以前のアラビア半島が、国際商業ネットワーク上、どのような位置にあったのかを述べていることがわかります。第2章ではイスラム教成立後、ムハンマドとその後継者によるイスラム帝国の成立・拡大と流通ネットワークについて論じられており、第3章ではアッバース朝成立後のイスラム国際商業ネットワークが成立していくプロセスが論じられ、最後に第4章で10世紀以降にイスラム世界が変容し、それにともない国際商業ネットワークも変容していくさまが述べられている、という構造が明らかになります。

　このように、目次を見ることによって、書名や簡潔な紹介文だけでは想像できなかったより詳しい内容が想像でき、またその本がどのように構成されていて、どこに何が書いてあるのかが一目瞭然になっているのです。目次はいわば、その本にとっての地図にあたると考えてよいでしょう。

④「まえがき」、「あとがき」を読む

　多くの書物には、「まえがき」、「はしがき」、「あとがき」などと呼ばれる文章が付されています。著者はそこで、その書物を著すことになった動機、目的、全体の構成あるいは謝辞などを記すのです。すなわち、著者自身の手でその書物の内容が要約されているといってもいいでしょう。この部分を読むことにより、その書物の内容・アウトラインを知る手がかりになるのです。ちなみに、『イスラム世界の成立と国際商業』には「はしがき」があります。ここには何が書いてあるのでしょうか。

　本書は、七世紀から十七世紀末までのイスラム史を単に国家・軍事史、政治史、財政史やこれまでの社会経済史などの研究が目指すところの、いわばイスラム世界の歴史的・地域的な多様性を見る立場とは違って、イスラム世界全体を有機的に機能する一つの文化的・経済的な結合体とみなして、そこでの具体的な相互間の結びつきの在り方および結びつきの変化のなかから、その全体の歴史的展開を描き出すことを意図としている。すなわち、このような考察を通じて、イスラム世界の基本的特質を探り、また世界史におけるその歴史的位置づけを考察しようと企てたものである。……

　このように「はしがき」においては、著者がこの書物をどのような目的で書いたのかが明確に記されています。これによって、この書物が何を明らかにす

る本なのかがわかるのです。ここでは省略しましたが、著者は続いて、序論の内容、本論の内容をみずから要約しているので、これを読むことによって、著者がこの書を通じていおうとすることの概略がわかるのです。

⑤ 最初と最後の段落を読む

　以上で、文献の全体像に関する予備的な作業は終了です。これらの作業によって、その文献が取り扱う大雑把な内容が把握できたはずです。作業がここまで完了したら、今度は、その文献のどの部分を読むべきかを考えてください。文献は、最初から順番に読み進めていく必要はありません。むしろ、最も重要と思われる部分（章や節）を読んでその内容を確認し、その後、関連する他の部分を読み進めていくほうが、より効果的です。読むべき部分が決まったら、次は、その部分の最初と最後の段落にざっと目を通してみます。書き出しの段落には、その後書かれることが予告されることが多く、終わりの段落では、それまでの議論がまとめられることが多いからです。あらゆる文章でうまくいくとは限りませんが、この段階で有益な情報が得られれば、その後の読解がとても楽になります。

⑥ 最初と最後の文章を読む

　段落だけでなく、段落の中の文章についても、同様のことがいえます。すなわち、最初（あるいは最後）の文章に重要なことが書かれていることが多いのです。そこでまず、前後の文章を読んでみて、そこに何か重要なことが書かれていないかをチェックするよう心がけましょう。

⑦ キーワードを探しながら読む

　文章を読んでいく際には、よく出てくる言葉や強調されている言葉に気をつけながら読んでいきます。そうした言葉は、議論の中核に関わる重要な言葉である可能性が高いからです。強調は、傍点をつけたり、かぎカッコ（「」）に挟んだりすることが多いので、こうしたものにすぐに注意を向けられるように、日ごろから心がけておくとよいでしょう。

　なお、言葉に対する注意力が身についてくると、必要な語や表現を探しながら文章を読んでいく「スキャニング」も、より容易におこなえるようになっていきます。

EXERCISE 1　全体像を把握する

次の文章にざっと目を通し、全体像を把握してください。
（各段落に付されている番号は段落番号です。3.3.3 で使用します。）

里山保全　研究成果生かせる連携を

1　里山の自然環境保全運動が活発化している。運動を進めるうえで重要な課題を「市民参加の促進」や「研究者と行政の連携」という点に絞って主張したい。

2　従来、薪やシバを採ったり落ち葉を集めたりして管理されていた日本の里山は林産物が生活に役立ちにくいため放棄され、その結果、土砂流出や希少生物の消失、餌を探すクマの市街地出没などの問題が起きている。よって里山を管理してくれる労働力が求められている。

3　その際、最も現実的なのは一般市民に余暇の一環として、管理を担ってもらうことである。具体的には、家族・集落単位で近隣の里山を管理して山菜や木炭などを含め収穫してもらう。

4　また、小学校などの授業に里山を舞台に環境学習するカリキュラムを取り込み日本各地に伝わる伝統的な管理方法も継承しつつ、児童の力を管理に生かす方法もある。さらに最近では定年後の高齢者を中心に、ボランティアで管理する人も増え始めており、こうした動きは頼もしい限りだ。

5　市民参加を進める一方で、その管理には科学的裏づけが必要だ。ところが里山の生態系研究者は、里山の重視を訴えているにもかかわらず、「論文」や「学会発表」で事足れりとする傾向がいまだに強い。里山については、各大学の学生の卒業研究だけでも管理に役立つ成果が山積みであるが、それらが十分に生かされていないのが現状だ。

6　例えば私が調査で通う外秩父地方では埼玉県内で珍しい、かしわ餅の葉に使われるカシワ群落があり、「消滅寸前の希少群落」として県のレッドリストに掲載されている。

7　実際現地を歩いてみると、親木は道路脇などまれに見られるものの稚樹はほとんどなく、まさにこのままだと消滅する群落といえる。ところが、積極的な保全対策は、いまだなされていない。埼玉県は林野伐採がこれ以上進むことは無いとみて「特別な保全はしない」というが、結局、レッドリストに掲載されただけで群落が消えてしまう可能性も高い。

8　このような例を考えると里山の研究や調査結果は、もっと管理する行政側につなげて連携させねばなるまい。国際的には世界資源研究所（WRI）などが、そうした研究と政策立案の橋渡し役を担っており、国内にもそうした組織を早急につくる必要があるだろう。

2006.09.14　朝日新聞「私の視点」（大沢隆文）

3.3.2 精読する

以上で、文献の内容を大雑把につかみ取る速読のスキルの説明が終わりました。これからは、文献の内容をより正確に把握していく、インテンシブ・リーディングについて解説します。

インテンシブ・リーディングでは、文章の一つ一つを丹念に読んでいくことが基本になりますが、すべての部分をまったく同じように読んでいけばよいというものではありません。文章全体の中には、必ずしも精読しなくてもよい、重要でない部分が含まれているからです。重要でない部分を丹念に読んでも、あまり意味はありません。インテンシブ・リーディングをおこなう際には、どの部分を丹念に読んでいくかという、重要部分の選別がとても大切なことなのです。この選別はエクステンシブ・リーディングの中でおこないますから、いかに準備作業が大切なものであるかがわかると思います。

① 重要部分をマークする

文章を読んでいって、重要だと思う部分にマークをしていきます。マークをつけておくと、文章をもう一度読み直すときに重要な部分を視覚的にとらえることができるので、理解がより深まるからです。もちろん、一読しただけですぐに重要な部分がわかるわけではありません。前節で説明した方法で、大まかな内容を把握しておくことが大切です。

マークをする場合に最も気をつけるべきことは、マークをしすぎないことです。マークをしすぎると、本当に重要な部分がわからなくなるので、読み直しも効率的にいかず、結局はマークをしなかったのと同じことになってしまいます。

一般的なマークの方法としては、次のものがあります。

(1) マーカーを使う
(2) ペンや鉛筆でアンダーライン(縦書きの場合は傍線)を引く

マーカーを使う利点は、その部分を視覚的に強調できることです。すなわち、マーカーは鮮やかな色で文字全体に線を引けるので、マークした部分がとても強調され目立つのです。また、複数の色を使い分けられることも、マーカーの利点といえるでしょう。逆に、マーカーの不利な点は、基本的に一度引いたマークを消すことができないということです。不必要な部分にマークをしたり、マークをしすぎたことにあとで気づいても、消すことができないので、マーカーを使う際には注意が必要です。ボールペンを使用する場合にも、同様のことがいえます。鉛筆を使う場合、この問題は解消されますが、逆に、視覚的にはマー

カーに劣ります。

以上のように、マークの引き方には一長一短があるので、目的に応じて使い分けるようにしましょう。何度も読み返す必要のある重要なテキストの場合、鉛筆でマークをしながら、本当に重要な部分を確定し、それからマーカーでマークするという方法も考えられます。

なお、マークは、自分の所有物ではない文書や書物におこなってはなりません。特に、図書館の本にマークするのは厳禁です。これは、大学に限らず、社会一般の基本的マナーの１つですので、必ず守ってください。

② 疑問点をチェックする

重要な部分をチェックする作業と並んで、わからない部分をチェックする作業も大切です。専門的な文章を読むと、まず、知らない用語に出会います。そうした意味のよくわからない言葉は、必ずチェックしておき、あとで（可能であればその場で）意味を調べる必要があります。常に辞書（電子辞書が便利です）を身近に置いておくように心がけましょう。また、専門的な用語は、文章の別の部分でその意味が説明されている場合があります。わからない用語が出てきても、あきらめたり自分勝手に意味を解釈したりするのではなく、別の箇所でその意味が説明されていないか探すことが大切です。

また、内容的に意味がよくわからない部分についても、疑問を示す印をつけておきます。読んでいる最中に疑問を感じた部分は、全体を最後まで読むと、その意味が理解できる場合も多くありますので、どこがわからなかったか、目立つように印をつけておくと便利です。

③ 余白を活用して、メモする

文章を読み進めていく際には、余白を最大限に利用しましょう。余白に様々な補足的な情報を書き加えておくと、読み返す際に、様々な点で理解の助けになります。書き込むべき内容としては、次のようなものが考えられます。

● わからない言葉の意味

チェックしておいたわからない言葉の意味がわかったら、それを余白に書きつけておきます。

● 疑問点

よくわからない部分についても、どの点がわからなかったのかを具体的にメモしておくと、あとで考えるときに便利です。

● ポイント

　内容のまとまりごとに、そのポイントを余白に書き込んでおくと、全体のつながりがひと目でわかるようになります。

④ 囲みや矢印を使い、視覚的にする

　マークだけでなく、線を利用し、できるだけ視覚的に内容を把握できるようにしましょう。まとまりのある部分を線で囲んだり、関係ある部分を線や矢印で結んだりします。そうすると、文章のまとまりや、相互の関係がひと目でわかるようになります。

⑤ その他のヒント

　書物や論文などの長い文章を読む際には、何十ページにもまたがりますので、上記に加え、別の工夫も必要になります。たとえば、付箋紙（ポストイット）を重要な箇所に貼っておくと、あとで便利です。その際、少し大きめの付箋紙を使えば、そこにメモをしておくこともできます。また、ノートやカードを作りながら読んでいくのも効果的です（作り方については 3.6.1 を参照してください）。

3.3.3　文章の構造を分析する

　インテンシブ・リーディングにおいては、文章それぞれの内容を正確に理解するだけでなく、議論全体の構造も正確に把握する必要があります。なぜなら、文章の各部分は、議論全体の構造との関連で、はじめて意味を持つものだからです。たとえば、書き手がある人の意見を批判のために取り上げていたとします。その部分を、文脈を無視して、書き手自身の考えだと誤解してしまったら、どうなるでしょうか。書き手の真意を見誤ってしまうでしょう。このように、精読するときには、議論全体の構造がどうなっているのかを、常に気にしながら読んでいくことがとても大切なのです。

　では、どうすれば文章の構造を正確に把握することができるのでしょうか。文章の構造を把握するためには、文章構造を視覚的に図式化することが一番です。文章と文章の関係を図によって示すことで、議論の流れがより明確になり、複雑な構造を持った議論でも、比較的容易にその構造をとらえることができます。

　ここでは、この図式化による文章の構造把握の方法を解説します。

ステップ1　各段落の内容を簡潔にまとめる

最初のステップは、文章の基本単位である段落ごとにその内容を把握する作業です。その段落でいわれていることで、最も重要なことは何かを考えながら、その内容を的確なフレーズで表現してみます。フレーズを作る際には、その段落の中で強調されているキーワードを探し出し、それを取り入れるとよいでしょう。

EXERCISE 1 で使用した文章を例にすると、次のようになります。

1　里山の自然環境保護運動の課題を、2点から主張する。
2　里山が放棄され、問題が発生。里山管理の労働力が必要。
3　一般市民の協力が重要。（余暇の利用）
4　学校の授業を活用する。高齢者のボランティアも重要。
5　市民参加の他、里山管理には科学的裏づけが必要だが、十分に生かされていない。
6　秩父地方のカシワ群落。
7　カシワ群落の現状。レッドリスト掲載だけでは不十分。
8　研究と行政の連携が必要。日本でもWRIのような組織を作るべき。

ステップ2　段落をグループ化する

次のステップは、段落のグループ化です。段落同士のつながりに注意しながら、段落をグループ分けし、段落ごとに短い表題をつけてみます。

このグループが、議論の基本的なユニットとなります。これをステップ1の表に書き加えると、次のようになります。

Ⅰ　序文
1　里山の自然環境保護運動の課題を、2点から主張する。

Ⅱ　市民参加の促進
2　里山が放棄され、問題が発生。里山管理の労働力が必要。
3　一般市民の協力が重要。（余暇の利用）
4　学校の授業を活用する。高齢者のボランティアも重要。

Ⅲ　研究者と行政の連携
5　市民参加の他、里山管理には科学的裏づけが必要だが、十分に生かされていない。
6　秩父地方のカシワ群落。
7　カシワ群落の現状。レッドリスト掲載だけでは不十分。
8　研究と行政の連携が必要。日本でもWRIのような組織を作るべき。

ステップ3　各部分の関係を考える

以上の作業がひと通り済んだら、次は各部分の関係を分析します。代表的な関係として、次のようなものを挙げることができます。

主張と理由	主張とは、書き手の意見を述べている部分です。意見を述べる場合、その理由が必要となりますので、その根拠となる考え方や裏づけとなるデータなどが示されます。
説明	述べられた内容に対して、詳しい説明がなされます。
具体例	抽象的な内容のことを述べるとき、わかりやすく説得力のあるものにするために、具体的な例が紹介されることがあります。

例文では、Ⅰで里山の自然環境保全運動の2つの課題が示され、それが順にⅡとⅢで論じられるという構造になっています。Ⅱでは、まず2で里山管理に労働力が必要だという意見が述べられたあと、3で1つ、4で2つの具体的方策が紹介されています。Ⅲでは、5で科学的裏づけの活用の不十分さが指摘されたあと、6・7で書き手自身の経験にもとづく具体例が述べられ、それをもとに、8で研究と行政の連携の必要性が主張されています。

ステップ4　構造を図式化する

最後に、各部分の関係をわかりやすく図式化します。図式化においては、各部分の役割と相互の関係を視覚的に理解できるように工夫します。

以上の分析をもとに、例文の構造を図式化すると、次のようになるでしょう。

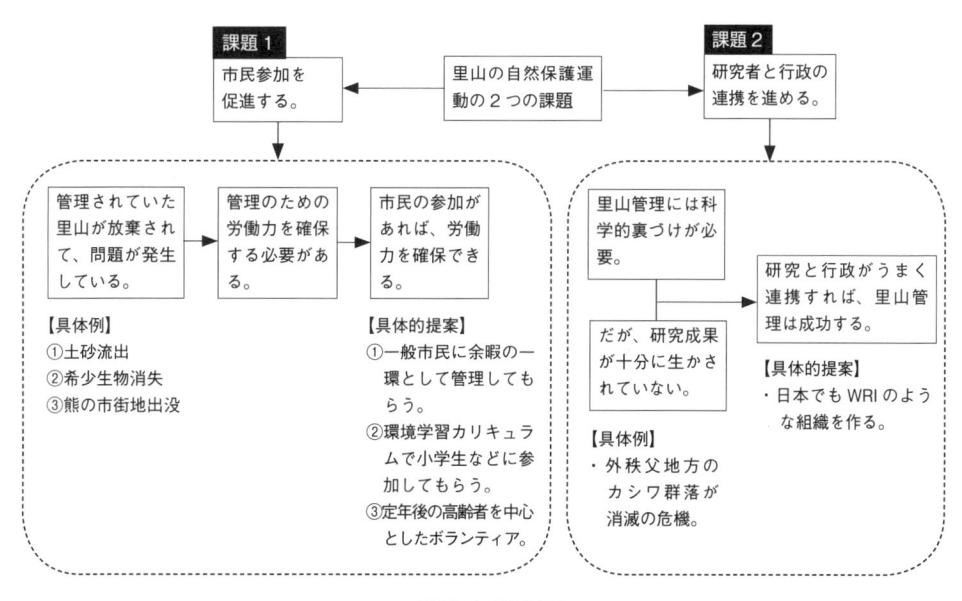

議論の構造図

> **POINT**
> 文章読解には、様々なテクニックがある。それらを駆使して、文章の内容を正確に読解しよう。

EXERCISE 2　精読して構造図を描く

次の文章を精読したうえで、構造を分析し、議論の構造図を描いてみましょう。

生命技術による人体格差を防げ

「遺伝的下層階級が生まれるかもしれない」。英国の医師から聞いた言葉にぞっとしたことがある。「人類は遺伝子を改良できる富裕層とそれ以外に二極分化する」。そんな未来予測を書いた米国の分子生物学者もいる。

人間の全遺伝情報を担うヒトゲノムの解読が完了して３年。今のところゲノム情報を使った明確な「遺伝子格差」は生まれていない。だが、人間の体質や能力にかかわる生命技術は日進月歩だ。それが将来、身体的・能力的な格差を生まないとは限らない。

「遺伝的下層階級」の背景にあるのは、保険会社が遺伝子検査の結果を利用してもいいかどうかの議論だ。遺伝子検査で、将来の発病を予測できる場合がある。こうした検査が健康保険や生命保険に導入されると、病気になりやすい遺伝子を持つ人は保険に入れなくなる恐れがある。

実際、英国では特定の病気の発症前診断を生保事業に導入することを政府の委員会がいったん認めた。これが強い反発を受け、導入が延期された経緯がある。

保険とは違うが、個人の健康維持や肥満などを標的にした遺伝子ビジネスはすでに登場している。体質にかかわる遺伝子を検査し、食事療法などに役立てるといった試みだ。科学的な裏づけは必要だが、遺伝子の個人差によって健康維持に必要な負担の差が広がっていくかもしれない。

生命技術で容姿を変えたり、運動能力や知能を高めたりする「エンハンスメント（強化）」も、単なる夢物語とはいえない。薬物を使ったドーピングはその入り口だし、遺伝子ドーピングが登場する可能性もある。薬物で気分を変えたり知的能力を高めようとする「脳の強化」も議論の対象だ。

受精卵の着床前診断は、現在は遺伝性疾患の回避などに使われる。だが、人間の能力や外観にかかわる遺伝子がわかるようになると、親が「好みの遺伝子」を

持つ子供を選別できる可能性が出てくる。現在は国際的に禁止されている受精卵の遺伝子操作も「遺伝子強化」に使いうる技術だ。

　傷ついたり失ったりした細胞・臓器を移植する再生医療も「人体強化」に使える。裕福な人は老化した臓器を取り換えながら長生きするというイメージで、利用できる人とできない人の間で格差を生むかもしれない。

　IT(情報技術)が実現する「人体強化」もありそうだ。たとえば、センサーを装着することで、普通では感じられない現象をとらえる研究も進められている。

　よりよい身体をめざす試みを否定はできない。だが、どこまでなら許されるのかは微妙だ。経済力や技術に対する受容度の差が、やがて身体格差や生活の質の格差を生むかもしれない。それが、はるか未来の話だとしても、その行方には今から注目しておきたい。

2006.05.08　毎日新聞「社説」(論説委員・青野由利)

3.4 要約する

3.4.1 要約とは

　要約とは、文章のエッセンスの部分を効率的に抜き出して、短くまとめたものです。

　では、文章のエッセンスとはどのようなものでしょうか。何よりも大切なのは、その文章の中で、書き手が最も伝えたいメッセージの内容です。それは、書き手の主張や意見である場合もありますし、また、何らかの事実や情報である場合もあります。しかし、いずれにせよ、書き手は何らかのメッセージを伝えようとしているのですから、その内容を的確に把握し、短くまとめることが、何よりも重要なことになります。さらに書き手は、そのメッセージを裏づける様々な理由（根拠やデータ）を提示します。こうした要素もまた、文章のエッセンスの部分であるといえます。他方、こうしたもの以外の要素の重要度はあまり高くはありません。たとえば、前置きを述べたり、議論の中で出てくる事柄について詳しい解説をしたり、具体例を挙げたりしているような部分です。こうした部分を省略し、書き手が本当に伝えたいエッセンスの部分だけを抜き出したものが、要約なのです。

　文章をうまく要約するためには、その内容に対する理解が十分でなければなりません。要約の訓練をして、そのスキルを上達させると、それに伴って読解のスキルも上達していきます。

3.4.2 要約の方法

　次に、要約の手順を簡単に説明しておきましょう。次のような手順にしたがって文章を要約していくと、効率的に的確な要約を作成することができます。以下、**EXERCISE 1** の文章を例にしながら、具体的に考えてみましょう。

① 文章の構造をつかむ

　まず、文章の構造をつかみます。この作業は 3.3.3 における文章の構造分析の方法に従い、十分な時間を取って、丹念におこなってください。

② 重要な部分を抜き出す

　文章の構造をつかんだら、どの部分が重要なのかをよく考えてみましょう。そして、あまり重要でないと思われる部分があれば、思い切って切り捨てます。

　例文で考えてみると、里山の自然環境保護の課題として挙げられている2つの論点の説明は欠かせません。次に、2つの論点で述べられていることについ

て、残すべき部分を考えます。第1の「市民参加の促進」という論点では、なぜ里山管理に市民の労働力が必要になるのかという理由を述べた部分が大切です。さらに、市民参加の3つの例が挙げられていますが、これは列挙するだけで十分でしょう。第2の「研究者と行政の連携」という論点では、書き手が述べている具体例については、詳しく取り上げる必要はありません。むしろ、具体例から引き出される主張(レッドリスト掲載だけでは不十分)のほうが大切です。

③ 文章を整える

文章を抜き出して、そのままつなぎ合わせるだけでは、よい要約はできません。無駄な部分を省いたり、簡略にできる部分を書き直したりしながら、文章を書き換えていきます。その際、全体の構造がわかりやすくなるように、工夫していくことが大切です。

> 里山の自然環境保全のために重要なことは2つある。第1は市民参加の促進だ。里山の管理が放棄されたために様々な問題が起こっている。管理の労働力として、一般市民による管理、学校の授業での活用、高齢者のボランティアなどが求められる。第2は研究者と行政の連携だ。管理のために、研究者の研究成果が十分に生かされていない。レッドリストに掲載しても、それだけでは不十分だ。研究と行政の橋渡しをする組織を作ることで、研究者と行政との連携を促進することが必要だ。(221字)

要約例

POINT

要約は、リーディングがうまくいったかどうかを示すバロメーター。

EXERCISE 3　要約する

EXERCISE 2 の文章を300字で要約してみましょう。

3.5 批判的に読む（クリティカル・リーディング）

3.5.1 クリティカル・リーディングとは

　大学での学びのためには、以上のような読解の基本スキルをしっかりと身につけ、日々の学習の中で活かしていくことが大切です。しかし、実はそれだけでは十分とはいえません。大学での学びでは、単に文章の内容を正確に理解するだけでなく、それを吟味・検討し、そこから自分自身の意見を作り出していかなければならないからです。こうした創造的作業は、学年が上がるにつれて、徐々に必要とされるようになります。そこで、今のうちに、文章の内容を批判的に考えながら読む「クリティカル・リーディング」の習慣を身につけておきましょう。これによって、次のような効果が得られます。

① 書き手と知的対話をする

　クリティカル・リーディングによって、書き手との知的な対話が可能になります。相手のいっていることを鵜呑みにして受け入れても、深い理解を得ることはできません。深く理解するためには、その意味をたえず問いかけ、考えていかなければならないのです。そうした作業をへて、納得したうえで議論を受け入れるとき、その知識は本当の意味で自分自身のものになります。

② 自分自身を見直す

　クリティカル・リーディングを通してつちかわれた批判的な目は、単に他人の文章を検討するのに役立つだけではありません。それは、自分自身にも向けられるからです。自分の書いたものを、批判的な目で再検討できるようになれば、文章作成の能力はさらに向上していくのです。

　以上のように、クリティカル・リーディングは、大学での学びのスキルの向上に欠かせないものですが、簡単に身につくものではありません。次に説明するようなポイントを常に意識しながら、リーディングの経験を積み重ねることが大切です。

3.5.2 クリティカル・リーディングの方法

　クリティカル・リーディングは、決められた手順に従えば容易にできるようなものではなく、慣れと訓練が必要です。次のような点を常に念頭に置きながら、インテンシブ・リーディングの練習を繰り返すことによって、次第に上達していくものです。

● 常に疑問を持つ

　最初はうまくいきませんが、常に何らかの疑問を持つように心がけることで、自然と疑問がわいてくるようになります。

● 反対の立場に立つ

　書き手の立場とは反対の立場に立って考えてみます。あえて反対の立場に立つことで、書き手の立場からでは見えなかったものが見えるようになります。

● 矛盾がないか注意する

　議論を鵜呑みにすると、矛盾したことがいわれていてもなかなか気づきません。話の内容に細かく注意しながら、矛盾がないか注意しましょう。

● 公平な議論をしているか注意する

　書き手が本当に公平な議論をしているか、常に考えながら読む必要があります。自分に不利な事柄を無視していないか、反対意見の内容をきちんと理解して批判しているかなど、書き手の議論の公平性を問題にしましょう。

　以上のような一般的な注意の他、次のような点に注意して文章の内容を検討してみると、比較的容易に問題点を発見することができます。

● 理由の説得力を考える

　書き手が挙げている理由の中身を検討してみます。その理由がどのくらい説得力があるのか、常に考えながら読みましょう。もし理由に説得力が感じられなければ、どうして説得力が感じられないのかを意識的に考えてみましょう。

● 理由と主張がしっかり結びついているか考える

　書き手が適切な理由だと思って述べていても、よく考えるとまとはずれである場合もあります。書き手の挙げる理由をそのまま鵜呑みにするのではなく、本当にその理由からきちんと結論が出てくるのかを、しっかりと考える習慣が必要です。

> **POINT**
>
> 議論が確かなものかどうかを確認しながら読む「クリティカル・リーディング」の習慣を身につけ、これからの学びに活かしていこう。

3.6 記録する

　リーディングの成果は、その後の学びにうまく結びつけていくことが大切です。何の記録も残さないと、そのときには役に立っても、やがて記憶が薄れてしまい、その後の学びに結びつきません。リーディングの記録をしっかりと作っておき、必要に応じて効率的に利用できるようにしておけば、その後の学びに役立てることができます。

3.6.1 ノートやカードを作る

　最も一般的な記録として、読書ノートや読書カードの作成を挙げることができます。ノートやカードに内容やコメントなどを記録しておけば、あとで必要が生じたときに、すぐに取り出して参照することができます。

　ノートの場合、整理しやすいルーズリーフ式のものを利用しましょう。ノートは、比較的たくさんの情報を書き込めるので、内容を詳しく記録するのに便利です。カードは、いろいろな種類のものが市販されていますので、使いやすいものを利用します。カードはノートより小さく、書き込める情報量も少ないので、利用には工夫が必要です。たくさんの情報を書くのではなく、たとえば、使えそうな情報に出会ったときに、それをカードに簡潔にメモするといった使い方がよいでしょう。カードは整理・保存がしやすく、機動性がありますので、ノートと使い分けながら利用してください。なお、ノートやカードを作る際には、ノート・テイキングのスキルをフルに活用しましょう。

　ノートやカードは、パソコンを利用して作成することもできます。パソコンのファイルとして保存しておくと、あとで簡単に検索することができますから、とても便利です。

環境倫理学の3つの基本主張
加藤尚武、『環境倫理学のすすめ』、丸善ライブラリー、1991年、1〜12ページ

・環境倫理学は、次の3つの立場に立っている。
　Ⅰ 自然の生存権の問題
　　　人間だけでなく、生物の種、生態系、景観などにも生存の権利があるので、勝手にそれを否定してはならない。（1ページ〜）
　Ⅱ 世代間倫理の問題
　　　現代世代は、未来世代の生存可能性に対して責任がある。（4ページ〜）
　Ⅲ 地球全体主義
　　　地球の生態系は開いた宇宙ではなくて閉じた世界である。（8ページ〜）

読書カードの例

3.6.2 文献リストを作る

読んだ文献の情報をまとめて、文献データのリストを作っておくと、あとで利用するのにとても便利です。文献リストを作っておくと、レポート・論文作成の際の文献表作りに利用できますし、そうした文献データを蓄積しておくことは、将来の学びにおいて必ず役に立ちます。

記録すべきデータとしては、書物の場合、著者名、書名、出版社、出版年などを記録します。雑誌記事や論文、新聞記事の場合には、題名の他、掲載雑誌や新聞名、発行年、そして掲載ページなどの情報を記録しましょう（詳しくは 4.6.3 を参照）。

なお、文献リストの作成には、パソコンを利用するのが便利です。その場合、ワープロソフトではなく、表計算ソフトを利用すると、データの入力や並べ替えなどが容易にできて、とても便利です。パソコンを利用しない場合、カードを利用するのがよいでしょう。1枚のカードに1つの文献データを記録しておけば、並べ替えや検索が比較的容易にできるからです。

著者名	題名	出版社	発行年
米本昌平	地球環境問題とは何か	岩波書店	1994
交告尚史 他	環境法入門	有斐閣	2005
日引聡・有村俊秀	入門 環境経済学―環境問題解決へのアプローチ	中央公論新社	2002
石弘光	環境税とは何か	岩波書店	1999
加藤尚武	環境倫理学のすすめ	丸善	1991
加藤尚武（編）	環境と倫理：自然と人間の共生をもとめて	有斐閣	1998
鬼頭秀一	自然保護を問いなおす―環境倫理とネットワーク	筑摩書房	1996
石川徹也	日本の自然保護	平凡社	2001
宇沢弘文	地球温暖化を考える	岩波書店	1995
佐和隆光	地球温暖化を防ぐ―20世紀型経済システムの転換	岩波書店	1997
吉田文和	循環型社会	中央公論新社	2004
高橋裕	地球の水が危ない	岩波書店	2003

表計算ソフト（EXCEL）で作成した文献リスト

POINT

ノートやカードを駆使して、リーディングの記録を作り、学びに役立てよう。

第3章 をふりかえって

第3章のポイント

- **大学で触れる様々な文章**
  ①教科書　②授業資料　③研究書・論文　④原典
- **様々な読み方**
  ①エクステンシブ・リーディング　②インテンシブ・リーディング
- **全体像を把握する**
  ①題名　②オビ　③目次　④まえがき、はしがき、あとがき
  ⑤最初と最後の段落　⑥最初と最後の文章　⑦キーワード
- **精読の方法**
  ①マーク　②疑問のチェック　③余白にメモ　④囲みや矢印
- **要約の方法**
  ①構造をつかむ　②重要部分を抜き出す　③文章を整える
- **クリティカル・リーディング**
- **記録の方法**
  ①ノートとカード　②文献リスト

自己評価する

1. リーディングのスキルが、今までとくらべてどれくらい向上したか考えてみましょう。
2. 要約はうまくできましたか。もう一度読み返して、改善点がないか考えましょう。
3. クリティカル・リーディングの内容を理解できましたか。今まで自分がどのようなリーディングをしていたかを思い出し、反省してみましょう。

学びを深めたい人に

- **リーディングのテクニックをもっと知りたい人に**
  1. 北尾謙治他著、『広げる知の世界―大学での学びのレッスン』（第5章）、ひつじ書房、2005年
  2. 学習技術研究会編著、『知へのステップ　改訂版』（第3・4章）、くろしお出版、2006年
- **クリティカル・リーディングについて、もっと詳しく知りたい人に**
  - T・W・クルーシアス、C・E・チャンネル著、『大学で学ぶ議論の技法』（第2・3章）、慶応義塾大学出版会、2004年

第4章 ライティング

　第3章で学んだリーディングと並び、ライティングは、大学での学びにおける最も基本的なスキルの1つです。大学でのライティングというと、レポートのことが頭に浮かびがちですが、実際には、ライティングのスキルは学びのあらゆる場面で必要とされます。
　そこで第4章では、まず、わかりやすい文章を書く基礎的な訓練から始め、本格的なレポート作成へと徐々にステップ・アップしていきます。

学習内容

- わかりやすい説明をするためにはどうすればよいかを学び、訓練する。
- 説得力のある文章の書き方を、5段落の論証文を書くことによって学ぶ。
- レポートに関する基礎知識を学ぶ。
- レポートを書くための具体的な手順を学び、ミニレポートを書く訓練をする。

この章で身につく学びの力

1. 論理的思考力
2. 批判的思考力
3. 文章構成力
4. 表現力

4.1 大学での学びとライティング

4.1.1 ライティングの重要性

みなさんは、これまでの学びの中で様々な文章を書いてきたと思いますが、大学での学びにおいては、ライティングの重要性がさらに増していきます。なぜなら、大学での学びでは、単に知識を受動的に吸収するだけでなく、能動的に自分で問題を考察し、意見を表明する態度が求められるからです。

さらにまた、みなさんが大学を卒業して社会で活躍するときには、ライティングのスキルはより重要なものになるでしょう。現代は情報化社会です。どんな仕事であれ、社会の人々に対して、いかに効率的に情報を発信していくかということがとても大切なのです。大学での学びの中で訓練されたライティングのスキルは、こうした情報化社会において、大いに役立つものとなるのです。

4.1.2 大学でのライティングに求められること

大学でのライティングで求められているのは、論理的で筋道の立った、わかりやすい文章です。

たしかに、手紙やエッセイを書くときには、自分の気持ちを相手にうまく伝えたり、読者を引きつけたりするための軽妙な文体やユーモア感覚の方が大切な場合もあります。しかし、そうした例外を除いて、実生活においても、情報や自分の意見を「わかりやすく」伝える能力が求められています。

大学では、「論理性」や「わかりやすさ」がさらに重要になります。専門分野が何であれ、問題を調べてそれを的確に報告する文章や、自分の意見を説得力をもって提示する文章を書くスキルが必要なのです。

これまでの日本の文章教育の中では、この重要な点が軽視されてきました。多くの人は、わかりやすい文章の書き方を体系的に学んできてはいません。それゆえ、大学においてまず最初に学ぶべきは、論理的で筋道の立った、わかりやすい文章の書き方なのです。

4.1.3 大学でのレポート

大学の授業では、様々なかたちで「レポート」と呼ばれる文書の提出が求められます。レポートでは、授業の内容に関連して、調査の結果をまとめて報告したり、自分の意見を提示するなどの課題が課されます。分量としては、400字詰原稿用紙5～10枚程度(2,000～4,000字程度)が一般的ですが、中にはそれ以上の分量が要求される場合もあります。

こうしたレポートの課題は、みなさんにとっては大きな負担でしょう。とい

うのも、こうした文章の作成は、内容的にも分量的にもこれまで経験したことのないものであり、十分な訓練もしていないからです。レポートにおける資料の剽窃（丸写し）などが以前から問題になっていますが（ 2.5.2 を参照）、こうした問題が発生する背景には、単に学生のモラルの低下というだけでなく、そもそも、レポートの書き方の基本的な訓練ができていないという、根本的な問題が存在しているのです。

　そこで、この章では、レポートの書き方についても詳しく学んでいきます。レポートの書き方には明確なルールがあるので、そのルールにのっとり、一連の手順をしっかりマスターすれば、水準以上のレポートを作成することができるようになります。

> **POINT**
> 大学で必要とされるライティングのスキルとは、論理的で筋道の立った、わかりやすい文章を書くスキルである。

4.2 わかりやすく説明する

4.2.1 わかりやすい説明をするには

　大学でのライティングは、まずは、わかりやすさを基本としなければなりません。では、わかりやすい文章を書くためには、どうすればよいのでしょうか。そのために、「クリア・ライティング」とか「ロジカル・ライティング」などと呼ばれるテクニックが存在しています。いずれも、明晰で論理的な文章を書くためのスキルをまとめたものですが、こうしたスキルを具体的に訓練して身につけることによって、わかりやすい説明ができるようになるのです。

4.2.2 わかりやすい説明のための3つのポイント

　ライティングの訓練を始めるにあたり、われわれはまず、わかりやすい説明の文章を書く練習から開始することにしましょう。

　わかりやすく説明するためには、思いつきで説明を書き始めるのではなく、説明すべき事柄についてよく考え、内容を整理して、筋道の立った順序で話を組み立てていく必要があります。以下、いくつかの重要なポイントを解説します。

① 話の内容をよく整理して、必要な情報をもらさない

　何を説明するにしても、説明の内容を理解するために必要な情報を与えなければ、説明はうまく伝わりません。わかりやすい説明をする第1歩は、伝えるべき情報の内容を検討し、必要な情報をもらさないようにすることです。

　次のような点に注意しましょう。

5W1H

　特に大切なのが、「5W1H」といわれる要素で、これはどのような説明をするにしても、必ず必要となる重要な要素です。

Who：誰についての話か？	When：いつのことか？
Where：どこでのことか？	What：何が起こったか？
Why：なぜそうなったか？	How：どんな方法でか？

　説明をしたり、説明を聞いたりするときには、これらの要素がきちんと述べられているか、常に意識するよう心がけましょう。

MECE

　文章は、内容をよく整理して、まとまりのあるかたちで述べていく必要があります。手当たり次第に述べていくと、聞いている人は、それぞれの部分の関係がわからなくなり、混乱してしまうのです。筋道を立てて提示していくためには、思いつくままに述べるのではなく、あらかじめ内容を整理しておく必要があります。

　整理にあたっては、(1)内容上の余計な重複がなく、(2)話の理解のために必要な情報にもれがないように気をつける必要があります。「それぞれの内容に重なりがなく、全体を見たときに内容のもれがない(Mutually Exclusive and Collectively Exhaustive)」状態のことを、MECE（ミッシー）といいます。内容を整理するときには、まずMECEになるように心がけます。

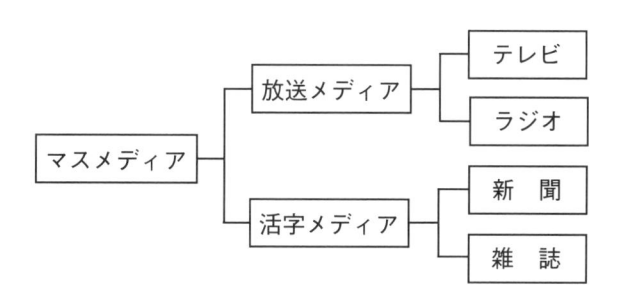

```
マスメディア ─┬─ 放送メディア ─┬─ テレビ
             │                 └─ ラジオ
             └─ 活字メディア ─┬─ 新聞
                              └─ 雑誌
```

MECEによる整理

② 話の筋道を明確にする

● 全体から部分へ

　どんな説明であっても、いきなり細かい部分から説明を始めると、聞いている人は混乱して話の全体像をつかみ損なってしまいます。わかりやすい説明の鉄則は、「全体から部分へ」です。説明をするときには、まず、どのような事柄について、どのような話をするのかを明確に述べ、話の全体像を提示しておくことが大切です。これによって、聞いている人は説明の見取り図をイメージすることができるのです。その後、必要な細かい情報を、整理されたかたちで述べていきましょう。また、最後に説明全体をふり返り、簡単に話をまとめると、聞いている人の理解がより高まります。

● 接続詞を活用する

　接続詞は、文章と文章の関係を示すためのものです。多くの接続詞は、文章と文章の間の論理的な関係を示しています。それゆえ、接続詞をうまく使うと、文章間の論理的関係がよくわかるようになり、話の筋が理解しやすくなります。

重要な接続詞

種類（働き）	例
付加（別の要素をつけ加える）	そして、しかも
理由（理由・根拠を述べる）	なぜなら、というのも、その理由は
例示（具体例を示す）	たとえば、その１つが
転換（話の流れを転換する）	しかし、だが、むしろ
解説（わかりやすく説明する）	すなわち、いいかえれば、つまり、要するに
帰結（理由・原因の結果を示す）	だから、したがって、それゆえ
限定（但し書きを加える）	ただし、ただ

● ナンバリングをする

　複数の情報をわかりやすくするためによく使われるのが、「ナンバリング」という手法です。ナンバリングとは、話に登場する要素を、１つめは〜、２つめは〜、３つめは〜、というふうに聞いている人に明確にわかるように列挙していく方法です。ナンバリングを始める前に、列挙する事柄について予告しておいてからナンバリングを始めると、話は格段にわかりやすくなります。

> 　地球温暖化の有効な対策として、３つを挙げることができる。１つめは排気ガスの規制、２つめはエネルギー対策、そして３つめは温室効果ガス吸収源対策である。このうち、２つめのエネルギー対策としては……。

ナンバリングの例

③ あいまいさのない、クリアな文章を書く

● １文１メッセージ

　長すぎる文は構造が複雑になり、理解しにくいものです。文が長くなるのは、１つの文の中にたくさんのメッセージを盛り込もうとするからです。基本的に、１つの文では１つのメッセージだけを述べるようにして、１つの文の長さをできるだけ短くするように心がけましょう。長い文になってしまったら、メッセージごとに文を分割し、接続詞でつないでいきます。そうすれば、同じ内容をはるかにわかりやすく伝えることができます。

● 段落構成を工夫する

　さらに、段落（パラグラフ）構成にも注意を払う必要があります。段落分けは、むやみにおこなうのではなく、内容のまとまりごとにおこないましょう。適切な段落分けをおこなうことで、長い説明でも話の構造をとらえやすくなります。

> **POINT**
> 話をよく整理して、筋が明確でクリアな文章を書こう。そうすれば、説明はずっとわかりやすくなる。

EXERCISE 1　わかりやすく説明する

　ここでは、筋道を立ててわかりやすく文章化し、相手に伝える訓練をおこないます。 4.2.2 を参考にしながら、わかりやすい説明文を作ってみましょう。情報が、読み手や聞き手に正確に伝わることが重要です。2人1組でペアを組んで、実際にどの程度正確に情報が伝わったかを確認します。うまくいかなかった点を反省しながら、わかりやすく説明するスキルをみがいていきましょう。

> 課題：本のストーリーをわかりやすく説明しなさい

　今まで読んだ本の中から、一番面白かった本の内容を、他の人に紹介してみましょう。紹介できるものがない場合は、映画やテレビドラマ、あるいはマンガなどでもかまいません。内容をわかりやすく伝えるためにはどうすればよいかを考えてみてください。

① 説明文を書く
　・まず頭の中で、何をどのような手順で話していくかを整理してください。
　・それをもとに、内容を紹介する説明文を書いてみましょう。
② 相手に説明する
　・説明文を相手に読んでもらいます。
③ どこが悪かったか反省する
　・読んだあと、相手に内容についての質問をしてもらいます。
　・どのような質問が出るかで、どこがわかりにくかったのかを知ることができます。
　・反省をもとに、説明文を改善してみましょう。

※この他、説明の対象となる事柄は、身近にたくさん存在しています。
　いろいろな素材で、わかりやすく説明する練習をおこないましょう。
　【例】
　・自分の家族について、わかりやすく説明する。
　・自分の趣味について、わかりやすく説明する。
　・自分の通う大学について、わかりやすく説明する。

4.3 説得力のある主張をする

4.3.1 論証文の特徴

　大学での学びでは、単に事実を説明するだけでなく、自分の意見を述べる文章を書くことが求められます。意見を述べる文章では、なぜその意見が正しいのかを示す「理由」が必要とされます。「理由」は、意見がなぜ正しいかを述べた「根拠」や、意見が正しいことを示す具体的な「データ」などによって構成されます。こうした「理由」にサポートされることで、意見の内容は説得力のあるものになるのです。このように、何かある一定の意見を述べ、それをサポートする理由を提示している文章を「論証文」と呼ぶことにします。

> 論証文＝意見＋理由（根拠・データ）

　論証文は、のちのレポート作成において、本論を構成する重要な部分となるので、しっかりと訓練しましょう。

4.3.2 説得力のある論証文の条件

　論証文は、単に内容がわかりやすいだけでなく、その主張に説得力が感じられなければなりません。説得力のある論証文の条件とは、次のようなものです。

① 意見の内容が明確であること

　論証文は、意見と理由から構成されますが、「論証」とは意見の正しさを証明するためのものですから、意見の内容が最も大切なものといえます。自分の意見の内容を、曖昧さのないかたちで明確に言葉にすることが大切です。

② 理由の内容が明確であること

　次に大切なのが理由の明確さです。理由が曖昧であれば、意見も説得力を失ってしまいます。理由はできるだけわかりやすく、明確に書くように心がけましょう。

③ 理由が意見をしっかりとサポートしていること

　理由は、内容が明確であるだけでは不十分です。いかに理由が明確で説得力があっても、それが意見の内容とうまくかみ合わない、まとはずれなものであったとしたら、意見に説得力は生まれません。理由を考えるときは、本当にそれが意見の内容と結びつき、意見をしっかりと支えるものであるのかを吟味する

必要があるのです。

④ それぞれの理由に重なりがないこと。また重要な理由が抜け落ちていないこと

理由は、ただやみくもに並べればよいというものではありません。いかにたくさんの理由を述べたとしても、それが結局は同じことをいっていたり、理由として説得力を持つと感じられなければ、意見にも説得力は生まれないからです。その意味で、 4.2.2 で解説した「MECE」という考え方がここでも重要となってきます。理由をリストアップしたときには、それぞれの理由の内容を比較して、同じことをいっていないか、あるいは何か抜け落ちている要素がないかを十分に吟味しましょう。

4.3.3 理由を見つける

論証文を説得力のあるものにするためには、説得力のある理由を挙げることが大切です。では、どのようにすれば説得力のある理由を見つけることができるのでしょうか。ここでは、理由を的確に探し出す方法を解説していくことにします。

① 理由（根拠・データ）を探し出す

理由を探し出すには、(1)自分で発想する方法と、(2)他の資料などから探し出す方法の2つがあります。理由は自分で考え出すものと思いがちですが、必ずしもそうではありません。むしろ、他の様々な資料をうまく利用して、どのような理由がありうるのかを、できるだけ網羅的にリサーチすることのほうが重要です。様々な理由を広く集めて整理し、その内容について様々に吟味をする中で、説得力があると思える理由を探し出していけばよいのです。また、こうした作業を十分におこなえば、自分自身のオリジナルな理由も思いつきやすくなります。

アイデアをまとめるときには、まず、アイデアを自由に箇条書きで書き出し、整理していきます。マインドマップを活用してアイデア間の関係を考えていくことで、雑多なアイデアが整理され、次第にまとまっていきます。

以上の作業については、これまでの学習の中で身につけた、ノート・テイキング、情報検索、リーディングのスキルを最大限に活用しましょう。

② 理由（根拠・データ）を整理する

　十分な数の理由が集まったら、それを整理していきます。同じことを述べているものを1つにまとめるとともに、それぞれの理由の間の関連も考えていきます。

　この作業は、図式化をしながらおこなうと、効果的に進めることができます。図式化にあたっては、「ロジック・ツリー」という図を使うのが便利です。「ロジック・ツリー」は「MECE」の図に準じたものです。

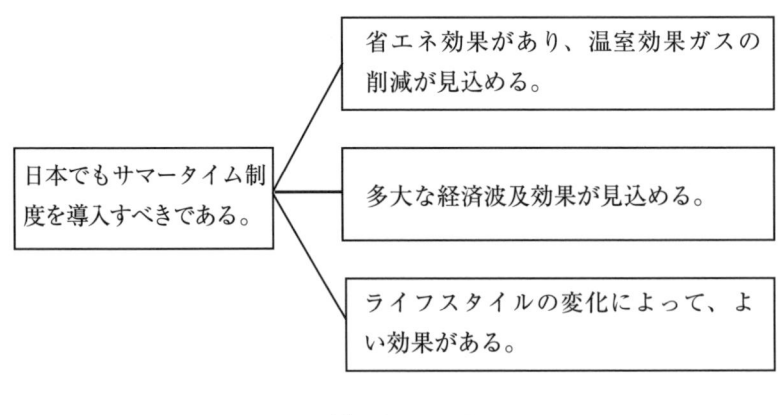

```
                    ┌─ 省エネ効果があり、温室効果ガスの
                    │   削減が見込める。
                    │
日本でもサマータイム制 ─┼─ 多大な経済波及効果が見込める。
度を導入すべきである。 │
                    │
                    └─ ライフスタイルの変化によって、よ
                       い効果がある。
```

ロジック・ツリー

　ロジック・ツリーを作成すると、意見と理由の関係を直観的にとらえることができ、意見と理由の結びつきの強さをより容易に判断することができるようになります。また、それぞれの理由を互いに比較することで、理由に重複やもれがないかを判断しやすくなるのです。

③ 理由の説得力を判断する

　理由が整理されたら、それぞれの理由にどれくらいの説得力があるかを考えてみましょう。論証文を組み立てるときには、説得力のある理由から採用します。また、理由を提示する際には、内容の関連に気をつけて提示していくようにします。すべての理由を述べる必要はありません。理由の数が多すぎると、文章が冗長になり、かえって説得力を失ってしまうことにもなりかねないからです。全体の分量的なバランスをよく考え、本当に述べる必要のある重要な理由だけを提示するようにしてください。

4.3.4 5段落で論証文を組み立てる

論証文の基本が理解できたので、次に、簡単な論証文の組み立て方を学ぶことにしましょう。文章全体を5段落構成にして、それぞれの段落ごとに、まとまった内容のトピックを述べていくという方法です。この方法をマスターしておけば、その応用形として、レポートを作成することができます。

具体的には、次のような構成にします。

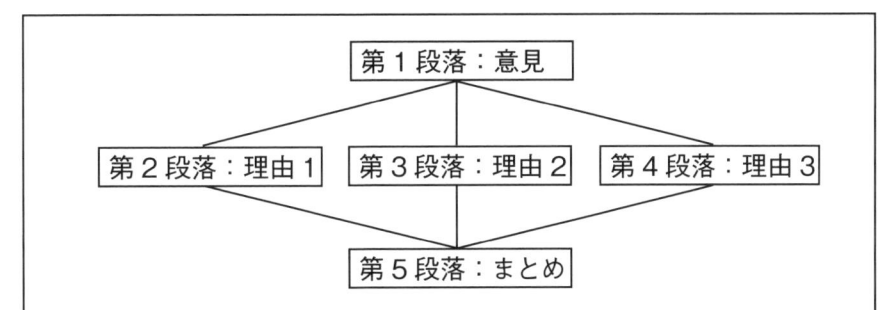

```
         第1段落：意見
        ／    ｜    ＼
第2段落：理由1  第3段落：理由2  第4段落：理由3
        ＼    ｜    ／
         第5段落：まとめ
```

第1段落：意見

取り上げる問題と、それに対する自分の意見を簡潔に述べます。

第2～第4段落：理由

意見をサポートする理由を3つ取り上げて、並べていきます。理由が3つであるのは、この数が多すぎも少なすぎもしない適切な数だからです。それぞれが1つの事柄だけを述べるようにし、1つの段落に複数の理由が入り込まないように注意してください。3つの理由は、互いの間の関係に気をつけて、話が自然な流れで進むように配慮します。また、「第1に…、第2に…、第3に…」というナンバリングをします。

第5段落：まとめ

議論の内容を再確認し、もう一度意見を繰り返して話をしめくくります。

論証文の構成

なお、分量は、全体の文字数が500～600字程度に収まるようにします。この程度の分量があれば、論証文に必要な必要最小限の情報を盛り込むことができます。最も基本的な情報だけを選ぶ練習のためにも、この字数を守ってください。この字数の中で、最も基本的な論証文の骨格を組み立てられるようになれば、これに様々な要素をつけ加えていくことで、より長いレポートに発展させていくことができます。

サンプル 日本でもサマータイム制度を導入すべきである

　サマータイム制度の導入は、昔から議論されている問題で、現在でも世論は賛否が拮抗しています。新聞やインターネットで調べれば、賛成と反対の理由がたくさん見つかります。賛成理由の中から説得力のあるものを3つ選び出し、論証文を作ります。

　現在、日本では、サマータイム制度を導入するか否かで意見が分かれているが、私は、以下の3つの理由から、日本でもサマータイム制度を導入するべきであると主張する。

　第1に、サマータイム制度の導入は、省エネルギーに大きく寄与する。なぜなら、朝の涼しいうちに活動を始め、日が暮れる前に活動を終えることで、クーラーの使用や、夜間の照明時間を抑えることができるからである。

　第2に、サマータイム制度導入によって、多大な経済波及効果が見込める。夕方の明るい時間を自由に使えるようになることで、観光やレジャーなどの経済波及効果が見込める他、夕方の時間帯を利用した新たなビジネスチャンスが生まれることで、この制度の導入がもたらす経済的効果は大きなものになると予想される。

　第3に、市民のライフスタイルが変化することによって、たくさんの良い効果が期待できる。まず、健康上の問題である。早く起床し、夜更かししないライフスタイルが身につくことで、より健康的な生活を送ることができる。また、帰宅や買い物の時間帯が明るくなるので、交通事故や犯罪の減少も期待できる。

　以上、省エネルギー、多大な経済波及効果、ライフスタイルの変化による効果という3つの理由から、私は、日本においてもサマータイム制度を導入すべきであると考える。

（542字）

---

① **意見**
現状と自分の意見を手短かに提示する。

② **理由1**
省エネルギー

③ **理由2**
多大な経済波及効果

④ **理由3**
ライフスタイルの変化がもたらす良い効果

⑤ **まとめ**
意見と理由を再確認する。

> **POINT**
>
> わかりやすい論証文の条件とは、意見、その理由、そして両者の関係がいずれも明確であること。

EXERCISE 2　5段落で論証文を書く

　意見をあらかじめ指定しますので、調査のうえ、説得力のある理由を3つ設定して、5段落の論証文を作ってみてください。

(1) 日本は環境税を導入すべきである。

　現在、地球温暖化が深刻な問題になっています。地球温暖化の原因とされているのが二酸化炭素（CO_2）などの温室効果ガスで、それは主に、石油などの化石燃料の大量消費から発生しています。これを抑えるために、温室効果ガス排出の原因となる電気、ガス、ガソリンなどに課税することでエネルギー消費を抑えようというのが環境税で、炭素税と呼ばれる場合もあります。環境税導入のメリットを調べて、説得力のある理由を3つ選び出し、論証文を作ってください。

(2) 英語を日本の第2公用語にするべきである。

　英語が世界の事実上の共通語となっています。日本の国際化を推進するために、英語を日本の第2の公用語にして、国民が英語を使える環境を作るべきだという考え方があります。この問題についても賛否両論がありますので、どのような意見があるのかをよく調べ、うまく理由をまとめてみてください。

4.4 レポートの基礎知識

4.4.1 レポートの種類と特徴

前節までの訓練をふまえて、ここからは、いよいよレポートの作成方法を学んでいきたいと思います。

大学の授業において課されるレポートは、分野によってその種類も様々です。主要なものとして、次のような種類を指摘することができるでしょう。

レポートの種類

論証型レポート	何らかのテーマについての自分の意見を、理由を挙げながら論証していくレポート。
調査・報告レポート	何らかのテーマについて、自分で調査をして、その結果をまとめて報告するレポート。
実験レポート	授業の中でおこなった実験の結果をまとめて、考察するレポート。実験を伴う授業以外には課されることはない。

これらの種類のレポートは、それぞれ別の目的を持って課されるものですので、要求される内容も異なっています。本書で解説する方法は、主に「論証型レポート」の執筆を想定していますので、必ずしも他の形式のレポートにそのまま当てはまるものではありません。しかしながら、どのようなレポートであっても基本的な構造は同じですので、本書での方法をしっかりと身につけることで、他の種類のレポートもより容易に書けるようになるでしょう。

4.4.2 レポートの構成

論証型レポートだけでなく、あらゆる種類のレポートは、「序論」、「本論」、「結論」という3部構成を基本として執筆すべきです。というのも、この構成方法こそ、最も書きやすく、かつ読んでわかりやすいものだからです。この構成は、前節で練習した5段落での論証文の構成を基本にして、内容をより複雑にしたものだといえます。

この構成方法では、レポートの中心部分である「本論」を「序論」と「結論」によって挟み込む構造にします。各部分の役割は次のようなものです。

● 序論

　序論では、(1)レポートのテーマ、(2)問題の背景、(3)意見の内容など、レポートの内容をめぐる全般的な説明をおこないます。これによって、読む人は何がどのように議論されていくのかをあらかじめ知り、内容を予想しながら読んでいくことができるので、本論の議論を混乱することなく理解することができます。また、これによって、話の内容にもより強い説得力を感じるようになります。

● 本論

　レポートの中で最も重要な部分です。分量的にも最も長い部分になります。本論では、自分の意見を具体的に裏づけていきます。

　その具体的な組み立て方は、レポートの種類に応じて様々です。論証型レポートの場合、本論は意見をサポートする根拠やデータを具体的に列挙していくことに費やされます。レポートにおいては、単に自分の意見だけでなく、反対意見を紹介したり批判することも必要です。調査・報告レポートの場合、調査内容を具体的に記し、分析していく作業が中心となるでしょう。

● 結論

　議論全体の結果を再確認し、今後の展望などを述べます。結論では、意見をもう一度提示し直すことが最も大切です。これによって、読む側に自分の意見を再確認させ、印象をいっそう強めることができるからです。

　以上に加えて、考察において足りなかったところ、あるいは考察の中で新たに見出された問題点などを指摘し、今後の課題として述べておくとよいでしょう。

　以上のように、序論でこれから論じることについて全体の見取り図を提示しておき、本論で細かい議論を展開したあとで、最後に結論でもう一度結果を再確認します。こうした念入りな構造にすることで、レポートの内容はわかりやすく、かつ説得力のあるものになります。

POINT

レポートは、「序論」、「本論」、「結論」の3部構成で執筆しよう。

4.5 レポートを書く

4.5.1 レポート作成の手順

　レポートの構成に一定の「型」があるように、レポートを作成する際にも一定の手順があります。この手順に従うことで、効率的にレポートを仕上げていくことができるのです。次に挙げるのは、その手順を図にしたものです。

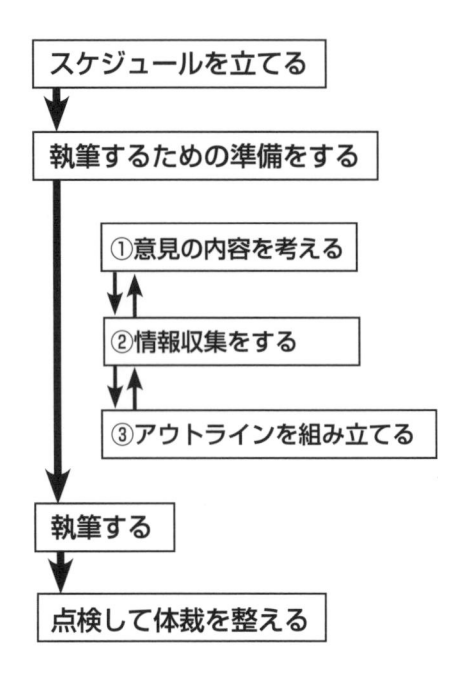

```
スケジュールを立てる
    ↓
執筆するための準備をする
    ↓
    ①意見の内容を考える
        ↑↓
    ②情報収集をする
        ↑↓
    ③アウトラインを組み立てる
    ↓
執筆する
    ↓
点検して体裁を整える
```

　これらのうち、作業の中心部分となる最も大切な部分は、「執筆するための準備をする」です。その中の①〜③の段階は、常に行ったり来たりしながら、作業を進めていくべきものです。これらの段階をきちんと踏むことができるかが、レポートの出来を左右します。

　一見すると、実際に文章を執筆していく部分が、最も時間がかかるように思いますし、実際のレポート執筆の際にもそうなりがちです。しかし、準備をおろそかにしたまま執筆を始めてしまうと、なかなかスムーズに筆が進みません。なぜなら、その場合、自分の意見もその根拠やデータも明確でないままに、行き当たりばったりに書いていくことになるからです。思いつきで書いていくので、知らない間に議論が本筋からそれてしまったり、前に述べたことと矛盾したことを述べてしまったりします。いったん文章が崩れてしまったら、もとに戻すのは容易なことではありません。こうした執筆方法はとても非効率的です。逆に、準備に十分な時間をかけ、レポートの全体的構造を明確に頭に入れてか

ら執筆を始めると、スムーズにレポートを書くことができ、かえって時間の節約ができるのです。

以下では、前節で取り上げたサマータイム制度の問題を例にして、それぞれのステップにおける作業の内容とその注意点を解説していくことにします。

4.5.2 スケジュールを立てる

レポートの課題が出されたら、まずは、きちんとスケジュールを立てましょう。スケジュールを立てる際には、提出期限までの残された日数、その間の所用などの他、レポートの分量やテーマの難易度などを勘案して、無理のないスケジュールを立てます。提出日当日に出来上がるような余裕のないスケジュールを立てるのは避け、数日前には出来上がっているようにするのが理想的です。なお、スケジュールの日程はあまり厳密にしないで、状況の変化に応じて柔軟に修正してかまいません。

各ステップの配分は、たとえば2週間あるいは3週間で完成させる場合には、次のような目安で考えるとよいでしょう。

スケジュールの配分

段階	分量	2週間の場合	3週間の場合
準備	全体の60%程度	9日間	13日間
執筆	全体の30%程度	4日間	6日間
点検	全体の10%程度	1日間	2日間

大切なことは、準備の作業に十分な時間をかけることです。すでに述べたように、準備が十分にできていれば、執筆は比較的短時間で済ませることができるからです。

4.5.3 意見の内容を考える

課題(テーマ)が与えられたら、まずは、その課題に関して、どのような事柄を議論し、それに対してどのような意見を述べるかを考えてみます。こうした点に関してあらかじめ何のアイデアも持っていなければ、そもそもどのような資料を調べたらよいかもわからないからです。

もちろん、最初に考えておく問題設定と意見の内容は、あくまでも暫定的で大まかなものでかまいません。たとえば、次のような課題が出されたとします。

「サマータイム制度導入について調べ、自分の意見をまとめなさい」

このとき、サマータイム制度に関してあなたが持っている情報は、授業の中で知った事柄を中心としたごく限られたものでしょう。しかし、そうした限られた情報だけでも、あなたが感じている問題意識や、それに対する漠然とした意見はあるはずです。たとえば、サマータイム制度を推進すべきだと感じているなら、サマータイム制度のメリットはどのようなものであるのか、あるいは、自分の知らないデメリットはないのかなどを調べてみるべきでしょう。

しかし、場合によっては、このような情報がまったくなく、自分の立場も思いつかないようなこともありえます。そのような場合には、無理に意見を考えようとはせず、まずは情報収集から作業を始めてください。その際には、あまり細かい情報を探すのではなく、まずは問題の概略が述べられているような一般的な資料を探し出して読んでください。たとえば、先ほどの課題でいえば、インターネットでサマータイム制度を取り上げたサイトがないか探したり、最近の新聞記事を検索してみたりするのです。このようにして、問題の概略がわかってきたら、自分の意見を考えればよいのです。

4.5.4　情報収集をする

この段階は、第2章および第3章で学んだことを十分に活かして作業を進めます。第2章で述べられている通り、情報源は多様です。自分がレポートで取り扱うテーマにとって、どのような情報源が最も有効であるのかをよく考えて、効率的に情報検索をおこないましょう。どのような情報源であれ、図書館を活用することが最も効率的な方法であることはいうまでもありません。最初のうちは頻繁に図書館に足を運んで、資料を調査することが大切です。この段階で有益な文献を探し当てられるか否かがレポートの出来を左右しますので、十分な時間をかけて文献検索をおこない、じっくりと文献に目を通してください。

文献は、すべてに細かく目を通す必要はありません。第3章で学んだ様々な読み方を使い、できるだけたくさんの文献にすばやく目を通していくことが大切です。重要と思われる箇所はチェックしておき、十分な時間をかけて詳しく読んでいきます。

なお、文献は、常にノートを取りながら読むことが大切です。第3章で学んだリーディングのスキルを十分に活用して、効率的に読書ノートを作りましょう。こうしたノートを取ることで、問題の全体像をより明確に理解することができます。

もちろん、こうした過程の中で、最初に立てた暫定的な見通しが変化していくことも十分にありえます。たとえば、当初とは反対の立場のほうがより魅力的に思えるような場合が出てくるかもしれません。そのような場合には、最初の段階に立ち返って、自分の立場をもう一度見直してみます。その結果、自分の立場を修正することには、何ら問題はありません。立場を修正したら、もう一度この段階に帰って、新しい視点から追加的な情報収集をおこないましょう。

4.5.5 アウトラインを組み立てる

一定の情報が集まったら、次はアウトライン作りに着手します。構造が複雑な長いレポートをわかりやすいものにしていくためには、アウトラインの作成が欠かせません。最初にきちんとしたアウトラインを作成し、レポートの構造を明確にしておくことで、それぞれの部分で何を書くべきかがはっきりし、効率的に執筆できます。

アウトラインは、大雑把なストーリー作りから始めて、徐々に内容を細かくしていきます。まず、最も大きな章の部分から考えていきましょう。サマータイム制度に関するレポートでは、次のような章立てにしてみました。

```
序論    第1章  サマータイム制度とは
本論    第2章  サマータイム制度導入のメリット
        第3章  サマータイム制度導入のデメリット
結論    第4章  まとめ
```

大まかな章立ての例

ストーリー展開は次のとおりです。まず、第1章で、サマータイム制度について簡単に解説をおこない、内容を予告します。次に第2章で、サマータイム制度を導入するメリットを3つ指摘します。第3章では、デメリットを3つ指摘します。以上でサマータイム制度をめぐる論争の論点を明らかにしたうえで、最後に4で、自分の見解を述べてまとめます。

以上の方針に従って、各章の内容をもう少し細かく箇条書きにしていきます。

> 第1章　サマータイム制度とは
> 　（ｉ）サマータイム制度についての説明
> 　（ii）このレポートの構成
> 第2章　サマータイム制度導入のメリット
> 　（ｉ）省エネルギーの効果が大きい
> 　（ii）多大な経済波及効果がある
> 　（iii）ライフスタイルが変化することで、よい効果がある
> 第3章　サマータイム制度導入のデメリット
> 　（ｉ）労働時間が増大する危険がある
> 　（ii）日本の風土に合わない
> 　（iii）健康上の悪影響が懸念される
> 第4章　まとめ
> 　（ｉ）メリットとデメリットは拮抗しており、慎重な検討が必要
> 　（ii）結論：少しずつ小規模の実験を繰り返し、日本の風土と文化に
> 　　　　合ったサマータイム制度のあり方を検討すべき

詳細なアウトラインの例

　これでアウトラインの完成です。次のステップでは、このアウトラインに忠実に従いながら、具体的な文章を書いていきます。

4.5.6　執筆する

　最初に述べたように、準備がしっかりしていれば、執筆はそう難しいものではありません。何を書くべきかが、すでに明確だからです。わかりやすい文章を書くように心がけましょう（なお、注や引用の方法については 4.6 で解説します）。

4.5.7　点検して体裁を整える

　ひと通り執筆が終わったら、文章をじっくりと読み直して、内容の点検をします。自分が書いた文章をもう一度客観的な目で見直すと、様々な間違いや問題点に気づくはずです。それを修正することで、レポートはより完成度の高いものになります。

　点検は、形式的な側面と内容的な側面からおこないます。

●形式のチェック

　形式的な側面のチェックでは、文章の体裁などの形式的な面に注意してチェックします。次のチェックポイントに留意して、読みやすい文章に直してください。

- ☐ 誤字・脱字はないか（ワープロの場合、変換ミスはないか）。
- ☐ 口語表現を使っていないか。
- ☐ 不必要に漢字を使いすぎていないか。
- ☐ 文体が「である体（常体）」に統一されているか。
- ☐ 長すぎる文章が含まれていないか。
- ☐ 主語と述語が一致しているか。
- ☐ あいまいな表現をしている部分はないか。
- ☐ 段落の長さは適切か。
- ☐ 段落ごとにまとまりがあるか。

形式面のチェックリスト

●内容のチェック

　内容のチェックでは、文章の読みやすさだけでなく、説得力にも注意します。次のような点がチェックポイントです。

- ☐ 議論の構造を明確に理解することができるか。
- ☐ 意見の内容を明確に読み取れるか。
- ☐ それぞれの理由が明確に提示されているか。
- ☐ 理由の間に重なりやもれはないか。
- ☐ 理由に説得力は感じられるか。

内容面のチェックリスト

　なお、レポートを作成する際には、レイアウト（紙面のデザイン）にも工夫をしてください。手書きレポートの場合、いわゆる「レポート用紙」は使用せず、原稿用紙を使用します。ワープロで作成する場合、読みやすさに注意する必要があります。余白を十分に取り、行間が詰まりすぎないように調整してください。

POINT

レポート作成の手順をおぼえよう。それにしっかり従えば、効率的なレポート作成が可能となる。

4.6 引用・注・参考文献表

前節で、ひと通りレポートの書き方を解説しました。レポートには、さらに通常の文章作成にはない要素が含まれています。ここでは、最も基本的な要素について、簡単に解説しておくことにします。

4.6.1 引用する

レポートでは、意見の紹介や批判のために、他の人の書いた文章や、調べた文献に掲載されていたデータなどを記すことが多くなります。これを「引用」といいます。大学でのレポートの多くは、与えられたテーマに関する問題を調査・報告したり、様々な意見を批判・検討して、自分の意見を述べたりするものですから、必然的に引用の機会は多くなります。

引用は、他人の文章の内容をそのまま引き写す場合（直接引用）と、自分で内容を要約する引用（間接引用）があります。いずれの場合でも様々な引用法がありますが、大切なことは、どこからどこまでが引用した他人の意見で、どこが自分の意見であるかの区別を明確にすることです。引用であることを示さずに、他人の意見をあたかも自分の考えであるかのように述べると、剽窃とみなされます。剽窃は不正行為であり、やってはならないことです。とりわけ、インターネットの情報を引用する際には引用を明記することを怠りがちですので、十分に注意してください（ 2.5.2 を参照）。

直接引用の場合

　〔例1〕○○（〔書名〕）は、「・・・・・・・・・・」と述べている。

　〔例2〕「・・・・・・・・・・・・・・」（著者、書名）

間接引用の場合

　○○（〔書名〕）によると、・・・・・・・。

※同じ文献が再び登場する場合、簡略化してもかまわない。
※参考文献表（ 4.6.3 を参照）をつける場合、本文中に詳細な文献情報を付す必要はない。
※文献情報は、本文中ではなく、注をつけて記載してもかまわない（ 4.6.2 を参照）。

引用の方法

4.6.2 注をつける

通常のレポートでは、注は必ずしも必要ありませんが、必要になる場合もありますので、ここで簡単な注のつけ方を解説しておきます。

ひとことでいえば、注とは、本文中に入れると議論の流れが本題から外れてしまうような情報を述べるためにつけられるものです。たとえば、(1)議論の流れとは直接関係のない補足的解説、(2)本文中に登場する用語の解説、(3)引用された文献の情報などです。こうした情報をつけ加えたい場合、本文の該当箇所に通し番号をつけ、本文とは別の場所に、対応する注の説明を入れます。別の場所とは、本文と同じページの欄外下(脚注)や、本文が終わった後(文末注)です。

次に脚注の例を示しますが、文末注も同じ要領で作ることができます。文末注にする場合、脚注と同じ要領で通し番号を振り、注は一括して本文の後に置くことになります。

なお、簡単な注であれば、括弧に入れて本文中に挿入してもかまいません。

〔本文〕……ゴミ問題は、われわれの「倫理」に関わる問題であり、一人一人が今の生活を自覚的に変えなければ解決できない。まず、この点を、生物学者のギャレット・ハーディンが提起した「共有地の悲劇」という問題を検討することによって明確にしておきたい[(1)]。それは次のようなものである。……このように、自由に利用できる共有地で人々が自分の利益を自由に追求すれば、そこにまっているのは破滅なのである[(2)]。さて、この「共有地の悲劇」をゴミ問題に当てはめて考えるとどうなるだろうか？……

　　　　　　　　　　　　　　　　　} 必要な箇所に (1)(2)などの番号を振る

――――――――――

(1)ギャレット・ハーディン「共有地の悲劇」(シュレーダー＝フレチェット編、京都生命倫理研究会訳、『環境の倫理』下巻、晃洋書房、1993年、445～470ページに収録)　　　} 引用文献情報

(2)ハーディンの理論の妥当性をめぐっては、様々な議論がなされているようだ。しかし、私は彼の理論が環境問題の本質を的確にとらえていると思う。　　　} 補足的解説

注のつけ方

4.6.3 参考文献表を作る

　レポートでは、参考文献表をつけるのが一般的です。参考文献表とは、引用された文献をはじめ、レポートを執筆するにあたって参考にした文献の情報を表にまとめたものです。参考文献の情報は、レポートを評価するために必要なものですから、レポートには必ず参考文献表をつけるようにしてください。

　参考文献表を作成するにあたって問題となるのは、文献のどのような情報をどのように記載すればよいのかということです。これについては、様々な形式がありますので、一概にはいえません。ここでは、一般的な例として、いくつかのサンプルを紹介します。この書式の他にもいろいろな書式がありますが、通常のレポートを作成する場合には、この書式に統一してください。なお、学びが専門的になると、学問分野ごとに決められた書式に従わなければならない場合もあります。

A.　単行本の場合
①著者あるいは編者名（翻訳書は訳者名も）、②本の題名、③出版社名、④発行年
【例】石弘光、『環境税とは何か』、岩波書店、1999 年

B.　雑誌論文の場合
①著者名、②論文の題名、③掲載雑誌名、④巻数・号数、⑤発行年、⑥掲載ページ
【例】諸富徹、「環境税による〈持続可能な福祉社会〉の構築を」、『世界』、752、2006 年 5 月、129 〜 133 ページ

C.　新聞記事の場合
①執筆者名（執筆者名のない記事については記載不要）、②記事名、③新聞名、④発行年月日（朝刊・夕刊の別）、⑤掲載ページ
【例】「どうするサマータイム」、朝日新聞、2005 年 4 月 8 日、朝刊 13 ページ

D.　インターネットの場合
①ウェブページの作成者や表題、②ページのＵＲＬ、③内容を確認した年月日（ウェブページの内容は書き換えられる可能性が高いため）
【例】財団法人省エネルギーセンター、「地球環境と夏時間を考える国民会議」報告書の概要、http://www.eccj.or.jp/SummerTime/conf/、2006 年 4 月 1 日確認

文献の表記のために必要な情報

> **POINT**
> レポートを書くときには正しい方法で引用し、参考文献表や注をつけるなど、体裁を整えることも大切。

EXERCISE 3　ミニレポートを書く

　以上で、レポート作成の基本を学びました。最後に、小さなレポートを執筆する練習をしましょう。次の 90 〜 91 ページのサンプルレポートを参考に、**EXERCISE 2** の課題で作成した論証文を、レポート作成の手順に従って、下記の題名のレポートに成長させましょう。

（1）日本は環境税を導入すべきか否か
（2）英語を日本の第 2 公用語にすべきか否か

> **サンプル・レポート**

サマータイム制度の導入について

　　　　　　　　　　○○学部1年　学籍番号○○○　氏名　○○○○

1　サマータイム制度とは

　サマータイム（夏時間）制度とは、一年のうちで日照時間が比較的長い期間（通常は4月から10月までの約7ヶ月間）、時計の針を1時間進める制度である。この制度を導入すると、学校、会社、役所などのすべての活動が、これまでより1時間早く始まり、1時間早く終わる。夏は日の出が早いので、朝の明るい時間を無駄にせずに活動し、早く活動を終えて、夕方の明るい時間を有効に活用しようというのが、そのねらいである。

　サマータイム制度は、アメリカやヨーロッパ諸国、中東などの多くの国ですでに導入されており、現在ではその数は70カ国を超えている。日本でも、北海道で2004年から3年間、試行的にサマータイムを実施する実験がおこなわれるなど、サマータイム制度導入に向けた動きがあり、国会に法案が提出されるなどしているが、反対の声も大きく、いまだ実現には至っていないのが現状である。

　このレポートでは、サマータイム制度を日本で導入することのメリットとデメリットをまとめたあと、サマータイム制度の是非に関する自分なりの意見を述べたい。

2　サマータイム制度導入のメリット

　サマータイム制度導入の賛成派は、次のようなメリットを指摘する。第1は省エネ効果である。それによれば、サマータイム制度の導入は、省エネルギーに大きく寄与する。なぜなら、朝の涼しいうちに活動を始め、日が暮れる前に活動を終えることで、クーラーの使用や、夜間の照明時間を抑えることができるからである。「生活構造改革フォーラム」の試算では、その省エネ効果として、原油換算で約93万キロ・リットル、温室効果ガス約40万トンの削減が見込めるという。

　第2に、サマータイム制度導入によって、多大な経済波及効果が見込まれている。夕方の明るい時間を自由に使えるようになるので、同フォーラムの試算では、観光・レジャー産業を中心に、約9,700億円の経済波及効果があるということである。この他、夕方の時間帯を利用した新たなビジネスチャンスが生まれることで、この制度の導入がもたらす経済的効果は大きなものになると予想される。

　第3のメリットとして、市民のライフスタイルが変化することによって、たくさんのよい効果が生まれると期待できる。まず、健康上の問題である。早く起床し、夜更かししないライフスタイルが身につくことで、より健康的な生活を送ることができる。また、帰宅や買い物の時間帯が明るくなるので、交通事故や犯罪の減少も期待できる。

3 サマータイム制度導入のデメリット

以上のように、実施した場合に期待されるメリットの大きいサマータイム制度であるが、逆に大きなデメリットも指摘されている。

第1に、最も深刻なデメリットは、労働時間が増大する危険性があるということだ。残業が多い現在の日本の労働状況では、サマータイムは、かえって残業時間を増やしてしまい、労働の強化につながりかねない。早く仕事を終わらせて、そのあとを楽しむつもりが、単に労働開始時間が早まっただけという結果に終わる可能性が高い。

第2のデメリットとして、日本の風土をめぐる問題がある。そもそもサマータイム制度は、冬の日照時間の少ない国で考案された制度であり、夏季にもっと太陽の光を浴びたいという健康上の理由から生まれている。日本の気候は、欧米とは異なり高温多湿である。夕方になっても涼しくならない日本の気候では、サマータイム制度を導入しても、あまり効果がないかもしれない。それどころか、夕方の活動時間帯が増えることで、逆に冷房コストが増大することにもなりかねない。

第3のデメリットとして、生活時間が変わることによる健康上の影響が挙げられる。サマータイムは、一方で人々をより健康にする可能性を持つとともに、逆に睡眠障害を引き起こしたり、生活のリズムを崩したりと、人々の健康に悪影響を及ぼす可能性も持っているのである。とりわけ4月は、日本では新学期の時期なので、この時期に時計の針をずらすことは、大きな問題を生む可能性がある。

4 まとめ

以上、サマータイム制度導入のメリットとデメリットを検討した。サマータイム制度導入は、期待されるメリットとデメリットが拮抗しており、新聞の世論調査の結果を見ても、賛成38％、反対39％と、賛否が分かれている（朝日新聞、2005年3月実施）。その導入には慎重な検討が必要である。導入するとしても、いきなり欧米と同様のかたちで実施すると、多くの問題が起こるであろう。北海道でおこなわれたような小規模な実験を各地でおこない、実際に生じる問題を具体的に明らかにして、日本の風土と文化に合ったサマータイム制度のあり方を、慎重に議論していくべきだと思う。

（本文 1,924 字）

参考文献

「どうするサマータイム」、朝日新聞、2005年4月8日、朝刊13ページ

「サマータイム推進議連　四苦八苦」、読売新聞、2005年6月12日、朝刊4ページ

財団法人省エネルギーセンター、「地球環境と夏時間を考える国民会議」報告書の概要、http://www.eccj.or.jp/SummerTime/conf/、2006年4月1日確認

第4章 をふりかえって

第4章のポイント

●わかりやすい説明
　①内容を整理して情報をもらさない　②話の筋が明確
　③あいまいさがなくクリア

●わかりやすい論証文の書き方
　①主張の明確さ　②理由の明確さ　③理由が主張をしっかりサポート
　④理由に重なりやもれがない

●レポート執筆の手順
　①スケジュール　②主張内容　③情報収集　④アウトライン　⑤執筆
　⑥点検

●引用・注・参考文献表

自己評価する

1. 練習の中で書いた文章をもう一度読み直し、ライティングのスキルがどれくらい向上したか評価してみましょう。
2. 作成したミニレポートを先生や友人に読んでもらい、添削してもらいましょう。どこが悪かったか反省して、もう一度書き直してみましょう。
3. これからの大学生活の中で、習得したライティングのスキルをどのように活用できるか考えてみましょう。

学びを深めたい人に

●わかりやすい説明の方法やわかりやすい文章の書き方をもっと詳しく知りたい人に
　・藤沢晃治著、『「分かりやすい表現」の技術』、講談社ブルーバックス、1999年

●レポートの書き方をもっと詳しく知りたい人に
　1. 学習技術研究会編、『知へのステップ　改訂版』（第8・9・10章）、くろしお出版、2006年
　2. 小笠原喜康著、『大学生のためのレポート・論文術』、講談社現代新書、2002年

column　スタディ・スキルを活かす ❷

卒業研究に向けて

■ 卒業研究は人生の節目
　大学生活の最後に卒業研究（卒業論文）を課している大学、学部がほとんどでしょう。就職への通過点のように受け止める人もいるかもしれませんが、大学卒業後に再び学校の門をくぐらない人にとっては、十数年間にわたる学校生活の集大成です。この本に紹介したスタディ・スキルを活かして、大学生活の中で徐々にそのための準備を整えていきましょう。

■ 研究テーマを見つける
　大学はただ先生から習うだけでなく、自分で研究テーマを見つける場です。でも、大学入学時点でテーマを決めている人は多くありません。大学生の多くはだんだんと自分自身のテーマを温めていきます。また、すでにテーマを決めたという人でも、大学生には、そのテーマがこれまでどのように論じられてきたか、それを研究するにはどのような方法があるのかといった知識をふまえた研究が要求されます。いずれの場合も、あなたにふさわしいテーマを見つける手がかりは大学の授業にあります。大学の授業は基本的に講義と演習、それに分野によって講読、実験、実習などから成り立ちます。概論の講義では、その分野の標準的な知識や方法を広く学びます。しっかり取ったノートは、自分のテーマを探し、方法を習得するための源泉です。演習や講読はまさにリーディング能力をみがく場です。演習や実習では、プレゼンテーション、ディスカッション、ディベートの能力が試されます。自分の研究テーマについて、どのように文献、資料、データを解釈し、そこからどのような根拠によって、どのような結論を導いたかを他の人にわかるように説明し、他の人からの質問に的確に答えられなくてはいけません。この本で紹介したスタディ・スキルを順序よく学んできた人にはおわかりでしょうが、ノート・テイキングやリーディングの際に、いつも疑問点や感想を考えながら臨んでいれば、自分の主張の根拠、自分が反論したい議論の要点、他の人の疑問を招きそうな自分の議論の弱みを自覚する訓練がすでにできていて、プレゼンテーションその他の場面に生きてくるのです。そして、これらのスキルを通して練り上げられたあなたの研究成果は、ライティングのスキルによってレポートや論文となって結実するわけです。

■ 先行研究に取り組む中でテーマを温める
　テーマが決まった。参考文献も選んで、読んだ。論文の前半でその内容をまとめた。後半には自分の主張を記した——文句のない構成のように見えます。でも、前半と後半がつながらない論文やレポートも多々あります。そう指摘すると、せっかく読んだ文献を「自分には合わない」、「自分の考えと少し違う」といって投げ捨ててしまう人もいます。そもそもあ

なたとすっかり合う著者がいると期待するほうがおかしくありませんか？　著者のほうがあなたより研究の経歴を重ねており、場合によっては時代も国も違うのですから。こうならないためには、批判的な読み方が必要です。「なぜ、この著者はこの結論を出したのだろう。この結論を導くためには、著者の提示した根拠で十分か。自分はこの著者のどこに違和感を抱くのだろう。そしてその理由は何か」。その結果、著者に対するあなたのイメージが変わるかもしれませんし、あなたのほうが考えを変えるかもしれません。

　「最近の日本における少年犯罪」を調べるとしましょう。あなたは「少年犯罪の数が増え、凶悪化している」と予想するかもしれません。犯罪件数の年次変化だけでそう結論できるでしょうか。できません。少年の人口あたりの犯罪発生率で比較すべきでしょう。すると、あなたの予想と外れた数値が出るかもしれません。さて、このテーマはやめますか？　それとも、あなたの問いのほうを、たとえば「どうして〈凶悪化している〉と予想したのだろうか」というふうに、修正しますか？　犯罪の起きた状況、動機、少年の生育環境、事件の特殊性といった他の指標に目を向けると、その答えは見つかるかもしれません。たとえば、犯罪が生じやすい条件を満たしていない状況で起こる意外性のゆえに凶悪化してみえる、とか。こうして同じテーマでも、考察が深まっていくのです。

■ 文献、資料、データはあなたとともに姿を変える

　他人が書いた著作、調査やデータは客観的で動かないもののように見えるかもしれません。しかし、あなたの思考の深まりとともにそこから得られるものは変わってきます。なぜ、著者はこう書いたのか。その前提は何か。前提は明示されているか。明示されていない場合、何を補えばよいか。著者の結論を覆すには、どのように反論すればよいか。その反論の成り立つ根拠は何か。こうした思考を通じて、先行研究がよりよくわかるようになるだけでなく、あなたのテーマについての思索も深まります。先ほどの前半と後半のつながりがない論文には、まさにこの思索の深まりが欠けていたのです。

■ なぜ、論文を書くのか

　論文やレポートをまとめる中で、あなたの考えはクリアになります。主張とその根拠、論駁したいことがはっきりし、あなたに向けられる反論の一部を予想でき、それへの再反論を用意できます。こうした思考能力の習得は、もちろん、社会の中で生きていくのに役立ちます。当たり前のことですが、大学での学びは単に学問のためだけではなく、大学に学ぶあなたがたがよりよく生きていくためのものなのですから。

第II部 コミュニケーション力をみがく

第5章 プレゼンテーション

　プレゼンテーションは、自分が持っている知識や考えを口頭で他人に伝え、理解してもらうための表現方法です。高校までの学びは、知識を受動的に受け入れるだけで十分でしたが、大学では、自分で調べた情報やそれをもとに考えた自分の意見などを、他人に向かって口頭でわかりやすく伝えるスキルがとても大切になります。
　本章では、このプレゼンテーションのスキルを、基本となるスピーチの練習やドキュメントの作成法などを交えて、総合的に学んでいきます。

学習内容

○ プレゼンテーションについての基礎的な知識を得る。
○ アウトラインにもとづくスピーチの方法を学び、スピーチ力を鍛える。
○ 配付資料やスライドなどのドキュメントの作成方法を学ぶ。

この章で身につく学びの力

1　説明力
2　説得力
3　時間管理力
4　スピーチ力
5　プレゼン力

5.1 大学での学びとプレゼンテーション

5.1.1 社会で求められているプレゼンテーション・スキル

これまでの日本社会では、人前で積極的に発言したり意見を主張することが、評価されることはあまりありませんでした。こうした文化的背景から、教育においても、プレゼンテーションのスキルが重視されることはほとんどありません。その結果として、日本の大学生は、人前で話すことに苦手意識を持っている人が多いようです。

しかしながら、社会は大きく変化しつつあります。これからは、新たに考えたアイデアを表現し実行していくことが価値を生む時代です。よいアイデアを内に秘めていたとしても、それを適切に表現し伝えることができなければ、何も考えていないのと同じなのです。最近では企業の入社試験だけでなく、公務員試験においてもスピーチやプレゼンテーションを課すところが増えています。これは、社会のあらゆる場所でプレゼンテーションのスキルが重要視されていることの現れといえるでしょう。

大学の学びの中で鍛えられたプレゼンテーションのスキルは、社会においても十分に通用するものです。本章で、自己表現の手段としてのプレゼンテーション・スキルをしっかりと習得し、これからの学びに活かしていきましょう。

5.1.2 大学の学びにおけるプレゼンテーションの意義

大学では、学生が発表をおこなう演習(ゼミ)などの授業が設けられています。こうした授業の中でプレゼンテーションをおこなえば、多くの参加者が短時間で情報を共有できると同時に、発表者は自分の考えを表明する訓練をすることができます。さらに、プレゼンテーション後に質疑応答やディスカッションをおこなえば、発表者が気づかなかった知識や考えを、他の参加者から学ぶこともできるのです。プレゼンテーションをするということは、自分の考えを他人に表現する訓練の場であると同時に、その事柄についてより深く学ぶチャンスなので、積極的に取り組みましょう。

> **POINT**
> プレゼンテーションは、大学での学びにおいても社会においても、役に立つスキル。

5.2 プレゼンテーションとは

5.2.1 プレゼンテーションの種類

プレゼンテーションは、スピーチを主体とした1対多のコミュニケーションです。ゼミ発表など少人数の前でおこなう口頭発表や、多人数の前でおこなう長時間のスピーチなど、様々な形態が見られます。プレゼンテーションの種類と目的を分類すると、次のようになるでしょう。

プレゼンテーションの種類と主な目的

種類	主な目的	具体例
情報提示型	情報・知識を伝える	自己紹介、新製品発表、ゼミでの発表、報告、講義など
説明型	意見を提示し説明する	卒業論文発表、学会発表、企画・立案など
説得型	意見を同意・納得させ、行動を促す	議論での意見発言、商品の売り込み、演説
講演型	話して聞かせる	入学式・卒業式での講話、学校のHR、朝礼・訓話など

実際のプレゼンテーションは、いずれかの型にぴったりあてはまるというものではなく、1つの型を主として、複数の型を合わせ含んでいます。たとえば、卒業論文発表や学会発表などでは、先行研究の情報を提示しながら（情報提示型）、自分の新しい考えを説明し（説明型）、聞き手に同意を求める（説得型）といったようにです。

講演型は、大学生には一見関係なさそうに見えますが、部活動等のグループリーダーとしてメンバーにスピーチしたり、教育実習でホームルームの際に児童・生徒に話をしなければならないこともあります。将来、教師やインストラクターをめざす人には決して無関係ではありません。

5.2.2 プレゼンテーションの要素

プレゼンテーションは、次に示すようないくつかの要素から成り立っています。それぞれの要素を意識しながら準備を進めることによって、わかりやすいプレゼンテーションが可能になります。ある程度経験を積めば、これらの要素を短時間で準備して、プレゼンテーションをおこなうことも可能ですが、慣れないうちは入念に準備を進めてください。「自分は話が得意だから準備は必要な

い」と考えて、まったく準備をせずに思いつきでプレゼンテーションをする人がいますが、自分ではうまく話せていると思っていても、なかなか相手には伝わっていないものです。きちんとした準備をして、はじめてプレゼンテーションは説得力を持つのです。

> ① アイデアの構想
> ② アウトライン
> ③ スピーチとドキュメント
> ④ 道具
> ⑤ 時間管理

プレゼンテーションの要素

　プレゼンテーションを成功させるためには、①〜⑤の順番で、段階的に準備を進めていきます。すなわち、まず①で自分の頭の中を整理し、その内容をどのような順序で提示していくかを②で設計します。その後、③で実際の表現スタイルを決定するとともに、④でプレゼンテーションを効果的におこなうための道具を準備します。そして、最後に本番に向けて、⑤で時間配分を検討するのです。
　以下、これら5つの要素について詳しく解説していきます。

① アイデアの構想

　相手によく理解してもらうためには、まず頭の中で知識を整理・分類し、自分自身がよく理解することが大切です。頭の中には様々な知識や情報がありますが、たいていは整理されずに雑然と存在しています。それらを、そのまま聞き手に提示しても、何も伝わりません。このようなことが起きないように、頭の中を整理しながらアイデアの構想を練ることが大切です。次の図にあるピラミッド構造になるようにアイデアを整理していきましょう。

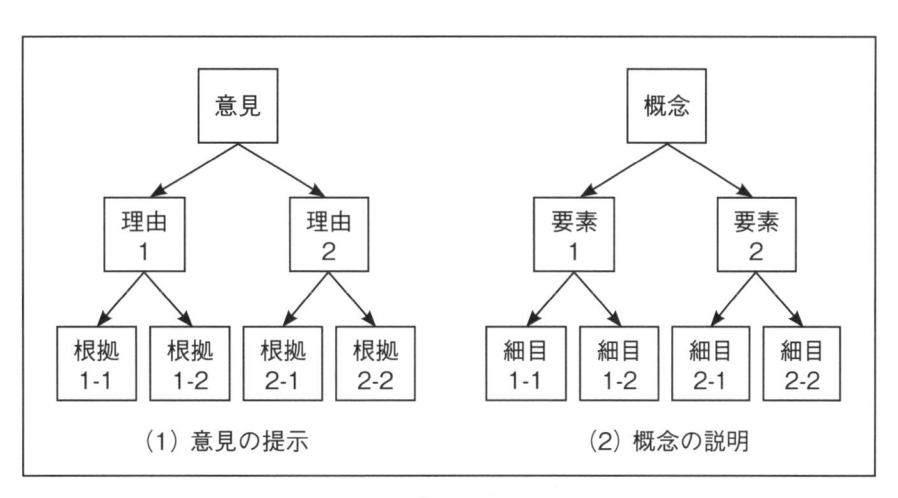

アイデアの構想例

　アイデアは、内容を整理しながら、構造を考えていきます。図のようなピラミッド構造で考えると、視覚的に整理しやすくなります。ピラミッド構造を作るときのポイントは、それぞれの階層の要素を内容的に整理し、重なりやもれがない状態（MECE）にすることです（ 4.2.2 を参照）。

② アウトライン

　以上の作業で、アイデアはピラミッド構造のかたちに整理されました。しかし、実際のプレゼンテーションは、時間軸にそって直線的に進行しますから、次の図のような直線構造に変換して、アウトラインを構築していきます。どのような順番で話せばうまく伝わるかを考えながら、話を並べていきましょう。アイデアすべてを限られた時間内に述べることが不可能なときには、内容を取捨選択して、重要な部分だけを提示します。どれを捨ててどれを残すかは難しい問題ですが、大切なことは、アイデアの構想をシンプルに表現できているかどうかです。

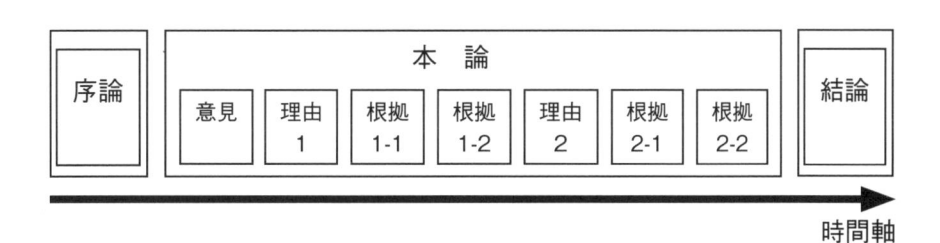

アウトラインの構成例

アウトラインの基本となる大きな構造は、「序論」、「本論」、「結論」からなる3部構成です。この点は、レポートの場合とまったく同じです（ 4.4.2 を参照）。

序論では、まず発表者の氏名やあいさつを述べ、主題と動機・背景を説明するとともに、本論での主張を簡単に予告しておきます。つづいて、結論を簡単に述べておきます。できれば、冒頭で聞き手の興味を惹くような導入（つかみ）を入れるとよいでしょう。たとえば、聞き手に問いかける、好奇心を喚起する、視覚資料を使う、ユーモアや笑い話を使うなどが効果的です。本論では、アイデアの構想を展開していきますが、これには様々な形態があります。「意見＋理由＋根拠」、「概念＋要素＋細目」など、テーマに応じて構成してください。結論では、本論のまとめをして、今後の課題や展望などを述べます。

③ スピーチとドキュメント

プレゼンテーションに用いる表現の要素としては、スピーチとドキュメントがあります。スピーチは、言語的表現（言葉）と非言語的表現（発声の抑揚、アイコンタクト、ジェスチャーなど）という2つの要素から成り立っています。また、これとは別の要素として、ドキュメントの様式があります。

● スピーチの言語的表現

言語的表現については、アウトラインを用意しておいて、即興的にスピーチすることを心がけてください。読み原稿をあらかじめ用意することもできますが、手元に原稿があると、どうしてもそれを読みたくなってしまいますので、スピーチの際には見ないようにし、手元に置いておくのはアウトラインだけにします。

● スピーチの非言語的表現

非言語的表現は、スピーチを説得力あるものにするための演出の1つです。日本人のスピーチは演出に欠けるといわれていますが、必ずしも外国人のように大げさにおこなう必要はありません。大切なことは、スピーチを「朗読」や「原稿の棒読み」にしないということです。聴衆のほうを見ずに、淡々と原稿を読み上げるだけでは、説得力をもって伝わりにくいのです。また、プレゼンテーションは単なる情報提供にとどまらず、発表者自身の人となりの提示でもあるのです。自分をどのように見せたいかを考え、イメージどおりに表現できるように繰り返し練習してください。

● ドキュメントの様式

スピーチの際に使用するドキュメント（配付資料、スライド）には、様式があります。ドキュメントの様式にはたいてい、表紙、扉、目次、本文、参考文献、索引などが必要です。

以上のスピーチとドキュメントの要素をしっかりとおさえて準備しましょう。

④ 道具

最近では、「パワーポイント」に代表されるプレゼンテーション・ソフトウェアで作成したスライドを、パソコンとプロジェクターを使ってスクリーンに投影するデジタル・プレゼンテーションが普通になってきています。このため、パソコンのセットアップからプロジェクターの調整方法、指示棒やレーザービーム・ポインタなど、プレゼンテーションの際に使用する道具の取り扱い方を身につけることも必要です。

また、ビデオや、フリップチャート（図などを描いた大型のカード）を使う場合も、事前に編集しておいて、すぐに提示できるようにしておきましょう。プレゼンテーションの際には、緊張していたり、スピーチの内容に気をとられているため、経験豊富な人でも意外と道具類の操作に手間取ります。できるだけ数少ない手順ですみやかに提示できるように、入念な準備をしておくべきです。

⑤ 時間管理

プレゼンテーションでは、与えられた発表時間を守ることが非常に重要です。これは演習授業、学会発表、就職試験などのいずれの場面においても鉄則です。発表時間を超過すると、次の発表者の発表時間に影響を及ぼし、多くの人の予定を狂わせて迷惑をかけることになります。そうならないために、必ず制限時間内に収まるようにプレゼンテーションを設計しなければなりません。だいたいの目安として、発表時間の±5%以内に収めることができるとよいでしょう。たとえば与えられた発表時間が5分であれば、4分45秒から5分15秒の間に収めるようにします。これは厳しいように見えるかもしれませんが、練習を積めば難しいことではありません。

ここで注意すべきことは、時間内に無理に収めようとして、スピーチの速度を上げてしまわないようにすることです。聞き手の理解力には、限界があります。短時間に多くの情報を詰め込んでも、理解されなければ、そのプレゼンテーションは失敗に終わり、せっかく苦労して準備しても台無しになってしまいますので、注意してください。

時間を管理するためには、リハーサルで何度も練習をおこなうことです。しかし、何度やっても時間内に収まらなかったり、時間を多く余らせてしまう場合には、アウトラインの再設計をおこなうべきです。せっかく作ったアウトラインを作り直すのは抵抗がありますが、どうしても時間のコントロールがうまくいかない場合には、思い切ってアウトラインを最初から作り直すくらいの気持ちで臨んでください。

> **POINT**
>
> スピーチのアイデアを整理し、アウトラインを準備して、何度もリハーサルで調整してから発表に臨もう。

5.3 スピーチ力を鍛える

5.3.1 スピーチがすべての基本

プレゼンテーションの基本はスピーチです。いかにしっかりした資料や読み原稿を準備したとしても、スピーチに失敗すれば、聴衆には何も伝わりません。わかりやすいスピーチは、単に言葉の明瞭さや声の大きさだけではなく、話の組み立てもしっかりしています。この節では、こうした総合的能力としてのスピーチ力を鍛えていくことにします。

5.3.2 アイデアの構想を練る

ここでは、自己紹介のスピーチを例に考えていきます。自分をアピールすることが目的ですから、聞いている人に強い印象を与えるようなアイデアの構想を練ります。まず、自分に関する事柄について思いついたことを紙に書き出してみましょう。関係のなさそうなことでも、紙に書き出して、あとで整理します。構想の練り方には様々な方法がありますが、マインドマップを作成するのも1つの方法です（ 1.4.2 を参照）。

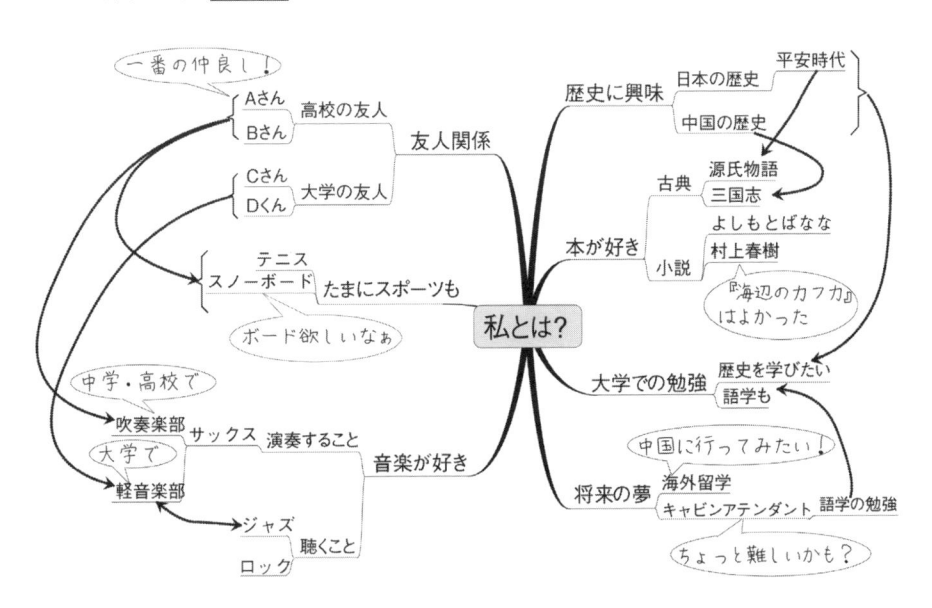

マインドマップによるアイデアの構想

なお、構想を練る際には、聞き手がどのような知識を持っているかに注意を払いましょう。聞き手の知識とつながりにくい情報をいくら与えても、なかなか理解につながらないからです。まず、どのような聞き手を相手にするのかを、よく考えることが大切です。

5.3.3 アウトラインの作成

人前で話すという行為は、時間軸にそっておこなわれます。的確に自分を表現するためには、(1)何を話すか、(2)どういう順番で話すか、ということに注意を払わなければなりません。そこで、話すべき内容のアウトラインを作成してスピーチをおこないます。アウトラインは、3部構成(序論＋本論＋結論)を基本にします。

アウトラインを作成するには、カードに整理するのがよいでしょう。カードに記載していく際には、話すべきトピック1つにつき、カード1枚で表現します。カードの見出しは簡潔な短文で的確に表現します。適切な見出しを考えておくと、後々の整理の際に役立ちます。

出来上がったカードを、ストーリーがなめらかに流れるように並べていきます。これがプレゼンテーションのアウトラインです。

カードが多すぎる場合には、すべてのカードを使う必要はありません。限られた時間内に効果的にスピーチをおこなうためには、一部のカードを使わない勇気も必要です。どの配列がスピーチの流れを円滑にするかをよく考えて、アウトラインを構成するようにしましょう。

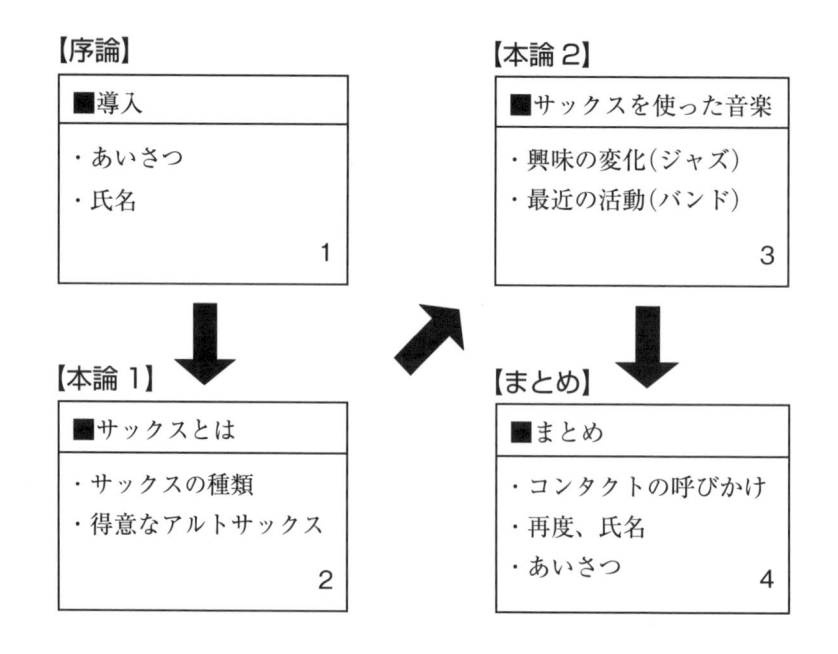

【序論】
■導入
・あいさつ
・氏名
                          1

【本論1】
■サックスとは
・サックスの種類
・得意なアルトサックス
                          2

【本論2】
■サックスを使った音楽
・興味の変化(ジャズ)
・最近の活動(バンド)
                          3

【まとめ】
■まとめ
・コンタクトの呼びかけ
・再度、氏名
・あいさつ
                          4

5.3.4 読み原稿の作成

アウトラインだけで即興的にスピーチをするのが不安なときには、読み原稿を作成して、シミュレーションをします。これによって、いい回しの適切さ、ストーリーの流れ、分量などをチェックするのです。1分間に250文字程度を

目安に、話し言葉で記述しましょう。スピーチは、話し言葉が基本です。書き言葉の文章は長文になりがちで、視覚的には理解できても、聴覚的には理解できません。このため、できるだけ短文の話し言葉で表現するようにしましょう。また、難解な用語や同音異義語などは、耳で聞いてもすぐに理解するのが難しいので、わかりやすい別の言葉でいいかえるようにします。

　読み原稿をそのまま読み上げることは厳禁です。なぜなら、原稿を棒読みすると、コミュニケーションにとって重要な非言語的要素(声の抑揚、ジェスチャー、アイコンタクトなど)が失われてしまうからです。単に情報を伝えるだけなら、棒読みでもかまわないかもしれません。しかし、それでは説得力のある伝達はなかなかできないのです。また、読み原稿の内容を丸暗記して話しても、同様の問題が起こりがちですので、注意してください。

　とはいえ、スピーチに慣れない間はかなりの緊張を強いられるのも事実です。出だしでつまずいて、すべてが台無しになることは避けたいところです。スピーチの初めのほうで聞き手の注意・関心を惹きつけることが成功の鍵となるため、スピーチの冒頭部分だけは暗記して臨んでもよいでしょう。

【序論】
　みなさんこんにちは。私は○○□□と申します。このクラスでは初めてお会いする方ばかりですが、よろしくお願いします。
　さて、私のことを知っていただくために、私が好きなサックスの話をします。(91文字)

【本論1】
　私は中学時代からサックスを演奏しています。サックスは、正式にはサキソフォーンといって、いくつかの種類があります。音の低いほうから、バリトン、テナー、アルト、ソプラノの4種類がよく使われます。私はこの中でもアルトサックスが最も得意です。
　次に、私がアルトサックスで演奏してきた音楽について、紹介します。(149文字)

【本論2】
　サックスは、吹奏楽、ジャズ、ロックなど、様々な音楽で用いられています。その中でも私は中学校の時からずっと吹奏楽をやってきました。でも、大学に入ってからは、ジャズのアドリブに興味が出てきたので、最近は軽音楽部に入部し、バンドでジャズを演奏しています。

> 　アドリブはとても難しいですが、何度も練習してできるようになったときには、とてもよい気分になれます。
> 　このように、私はサックスの演奏と音楽が大好きです。（198文字）
>
> 【結論】
> 　もし私と同じ興味を持っている人がいたら、声をかけてください。一緒にお話をしませんか。
> 　以上で、私○○□□の自己紹介を終わります。どうもありがとうございました。（78文字）
>
> （合計516文字）

読み原稿の例

5.3.5 リハーサル

　スピーチがうまくいくかどうかは、リハーサルをしっかりとおこなうかどうかにかかっているといっても過言ではありません。リハーサルをおこなうことによって、不適切な表現を使っていないか、スピーチの流れが自然か、論理的におかしな部分はないかなどの言語的表現のチェックと、制限時間内に収まるかをチェックすることができます。

　リハーサルに協力してくれるパートナーがいると効果的です。パートナーにスピーチを聞いてもらって、フィードバックしてもらいましょう。パートナーがいないときは、ボイスレコーダーでスピーチを録音してチェックします。

　また、非言語的表現をチェックする場合は、ビデオカメラでスピーチを録画して研究してみましょう。話すときの姿勢、表情、アイコンタクト、ジェスチャー、不要な体の動きなどをチェックすることができます。もっと手軽にチェックしたければ、鏡に向かってスピーチをしてみることです。自分がどのような表情でスピーチをしているのかをチェックすることができます。

> **POINT**
> スピーチは、決められた手順に従っておこなおう。何度も練習すれば、スピーチ力は必ず向上する。

EXERCISE 1　グループスピーチをする

　以上の解説を参考にして、実際にスピーチをおこなってみましょう。大勢の人たちの前だと緊張してしまうので、まずは、小さなグループの中で順番にスピーチをします。身近な話題について少人数の前でスピーチすることで、リラックスしたスピーチができます。

　次のようなトピックから、好きなものをいくつか選んで、2分間で自己紹介をしてみましょう。

- 住んでいるところ、出身地
- 趣味
- クラブ、サークル活動
- 家族の話題
- 好きな言葉
- 大学生活のできごと
- 将来の夢、進路

●作業の進め方
（1）各自、アイデアを練り、アウトラインと読み原稿を作成する。
（2）グループの中で、順番に自己紹介のスピーチをする。
（3）聞き手は、聞きながらチェックシートを記入し、スピーチ後、発表者にアドヴァイスをする。

5.4 高度なプレゼンテーション

　前節では、自己紹介という比較的単純な内容を素材に、スピーチ力を鍛える練習をおこないました。このような、何らかのものについて情報や知識を与えるプレゼンテーションは 5.2.1 の分類でいえば「情報提示型」のプレゼンテーションといえます。

　しかし、プレゼンテーションには、この他にも様々な種類があります。プレゼンテーションは、その種類に応じて組み立て方が違ってきますので、ここで、目的別のプレゼンテーションの練習をしておきたいと思います。ここでは、より高度なプレゼンテーションとして「説明型」と「説得型」の2つを取り上げ、そのポイントを解説します。

5.4.1 説明型プレゼンテーション

　説明型プレゼンテーションで大切なのは、わかりやすさです。わかりやすい説明をするためのポイントは、すでに 4.2 において詳しく解説しましたが、スピーチの場合もポイントは同じで、次の3つです。

① 話の内容をよく整理して、必要な情報をもらさない

　話の内容をきちんと整理するためには、「5W1H」や「MECE」に気をつけて話を進めます。すなわち、いつ、誰が、どこで、何を、どんな方法でおこなったか、またその理由は何かなど、話を理解するために必要な情報を入れるとともに、内容に余計な重複や情報もれがない状態にすることが大切です。

② 話の筋道を明確にする

　話の筋道は、「全体から部分へ」の原則に従います。また、話のつながりがわかるように、適切な「接続詞」を使うとともに、「ナンバリング」を工夫して聞き手の頭に入りやすくします。

③ あいまいさのない、クリアな話をする

　構造の複雑な長い文を耳で聞くと、書いた文以上に理解しにくくなります。書いた文でも「1文1メッセージ」の原則を守る必要がありますが、話す場合には、文をより短く切っていく作業が必要になります。そして、文と文の間を適切な接続表現でつないでいくのです。

5.4.2 説得型プレゼンテーション

自分の意見を相手に説得するためには、しっかりした理由を提示することが大切です。これは 4.3 において詳しく解説した、「論証文」を書くためのポイントと同じです。理由をまとめ、整理する方法については、この部分を読み直してください。

スピーチにおいて、具体的な根拠を挙げながら理由を説明していくための有効な方法の1つとして、PREP（プレップ）という形式があります。ここでは、この PREP を利用して、説得力のあるプレゼンテーションの練習をすることにしましょう。

(1) Point of view: 自分の意見を述べる。
(2) Reasons: その意見がなぜ正しいのかを示す主な理由を挙げる。
(3) Evidence or examples: 根拠や具体例を挙げる。自分の意見を支える証拠を示す。
(4) Point of view, restated: 再び自分の意見を述べる。

この形式にしたがってスピーチを構成すれば、説得力のあるスピーチが可能になります。PREP 形式にそったスピーチは、ディスカッションやディベートにも役立つでしょう。

なお、右の図からもわかるように、PREP 形式とは 5.2.2 で述べたピラミッド構造の一部分を抜き出して組み立てられたものです。

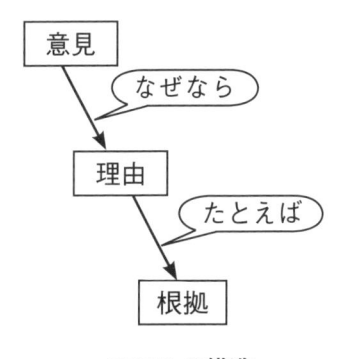

PREP の構造

```
意見
 ↓ なぜなら
理由
 ↓ たとえば
根拠
```

P: 日本人は朝食に米を食べるべきです。
　↓
R: なぜならば、米は日本人の体にとって栄養バランスが優れているからです。
　↓
E: たとえば、米には日本人の体に必要な繊維質や栄養素がパンよりも多く含まれています。また、日本で売られているパンの多くは、砂糖と油をたくさん使っているので太りやすく、健康によくありません。
　↓
P: よって、私は日本人は朝食に米を食べるべきであると考えます。

PREP 形式にそったスピーチの例

> **POINT**
> プレゼンテーションの目的の違いで、その方法も異なる。きちんと理解して、より高度なプレゼンテーションを身につけよう。

EXERCISE 2　高度なプレゼンテーションをする

(1) プレゼンテーションで説明する

　自分の持ち物を他人に勧めるための説明をしてみましょう。スピーチの際には、以下の要素をふまえて説明してください。聞き手はスピーチを聞いて、その内容について理解できたかどうかを判断してください。

- 機能、効能
- 購入のポイント
- 相手に勧める際の注意

【例】

> 「自分の携帯電話」
> 「最近買った商品(かばん、くつ、服等)」
> 「自分が欲しい製品(パソコン、デジタルカメラなど)」
> 「今日持ってきた／買ったお弁当の内容」

(2) プレゼンテーションで説得する

　3～5名程度のグループになって、1人1枚ずつカードを配り、そこに意見を2つ書きます。それを裏返してシャッフルし、1人ずつ順番にカードを取ります。カードを取った人は、書かれた意見のいずれかについて、PREP形式による説得のスピーチを即興でおこなってください。スピーチの時間は1分程度で結構です。

【例】

> 「今すぐ部屋の窓を開けて換気すべきである」
> 「昼休みは1時間以上取るべきである」
> 「皿洗いには食器洗浄機を使うほうが効率的である」
> 「歩行中の携帯電話の操作は禁止すべきである」
> 「酒の自動販売機は全廃すべきである」
> 「ペットとして飼うのであれば、猫よりも犬のほうがよい」

5.5 ドキュメントを使ったプレゼンテーション

これまではスピーチを主体とした練習をしてきましたが、これからは、ドキュメント(配付資料やスライドなど、文字や図表で構成された文書)を効果的に使ったプレゼンテーションについて学んでいきます。

ドキュメントを使ったプレゼンテーションは、視覚的な手がかりがあるため、より多くの情報を聞き手に提供できるという利点があります。スピーチと併せて配付資料やスライドがあると、聞き手の理解も深まります。わかりやすいドキュメントは、プレゼンテーションを補助する重要な役割を担っています。

また、ドキュメントを作成する過程で話し手の知識や情報が整理されていきますから、内容に関する話し手の理解がより深まる効果もあります。

5.5.1 配付資料を使う

プレゼンテーションの基本はスピーチですが、聞き手の手元に配付資料があれば、発表の重要なポイントや、スピーチでは表現しにくい内容を提示することによって、情報を正確に伝え、より強い印象を与えることができます。配付資料には、聞くよりも見たほうが理解しやすい情報(地図、写真、グラフ、チャート図)や、こまかい数値を含んだ情報などを記載します。これらの情報は、聞き手の理解を円滑にするための補助的資料となります。このため、配付資料は、できるだけ簡潔に少ない紙面でまとめることが望ましいでしょう。

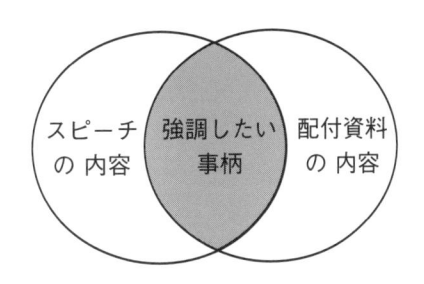

スピーチと配付資料の内容

配付資料を使うプレゼンテーションで注意することは、スピーチと配付資料の役割分担です。スピーチの内容をすべて配付資料に書いてしまうと、聴衆の聞く意欲が低下します。なぜなら、あとで資料を読めばよいと考えてしまうからです。資料に記載するのは、確実に伝えたい内容だけでよいのです。聞き手の印象に残したい、あるいは話し手が強調したい事柄についてのみ、スピーチと配付資料の両方で説明することによって、聞き手の印象に残るようなプレゼンテーションが可能になります。

ここでは、第4章のサンプル・レポート(90〜91ページ)の内容をプレゼンテーションすると仮定して、そのための配付資料を作ってみます。

配付資料サンプル

サマータイム制度の導入について

1　サマータイム制度とは
2　サマータイム制度導入のメリット
3　サマータイム制度導入のデメリット
4　まとめ

【資料1】　サマータイム制度アンケート結果（参考文献①より）

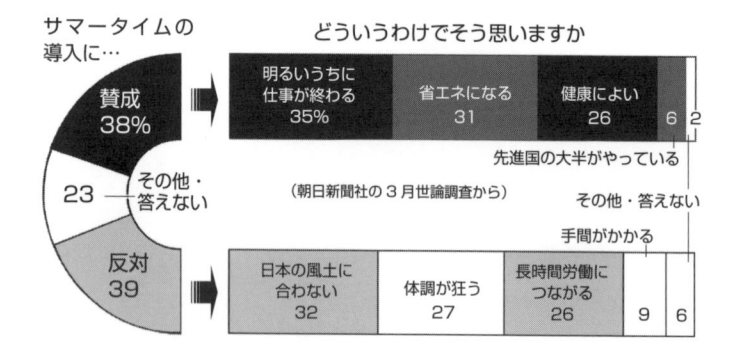

サマータイムの導入に…
賛成 38%
反対 39
その他・答えない 23

どういうわけでそう思いますか
（賛成）明るいうちに仕事が終わる 35%／省エネになる 31／健康によい 26／先進国の大半がやっている 6／その他・答えない 2
（反対）日本の風土に合わない 32／体調が狂う 27／長時間労働につながる 26／手間がかかる 9／6

（朝日新聞社の3月世論調査から）

【資料2】　サマータイム導入をめぐるメリット、デメリット（参考文献②より）

メリット	デメリット
観光・レジャー産業中心に約9,700億円の経済波及効果	機器の時刻切り替えコストが約1,000億円。労働時間が長くなる懸念も
原油換算で約93万キロ・リットル、温室効果ガス約40万トンの削減効果	活動時間帯の日照時間が長くなるので、冷房コストが増大する可能性
帰宅・買い物時間帯が明るくなり、交通事故や犯罪が減少	緯度が低い沖縄など南部では、明るい時間帯がそれほど増えない
太陽の動きに合わせて生活するので、食欲が増進し、健康にもプラス	時刻の変更時期に睡眠不足など一時的な「時差ぼけ」になる
標準時に連動する電波時計を使えば、時計の手動切り替えは不要	時計やタイマーなどの時間変更に手間がかかる

【参考文献】

①「どうするサマータイム」、朝日新聞、2005年4月8日、朝刊13ページ
②「サマータイム推進議連　四苦八苦」、読売新聞、2005年6月12日、朝刊4ページ
③財団法人省エネルギーセンター、「地球環境と夏時間を考える国民会議」報告書の概要、http://www.eccj.or.jp/SummerTime/conf/、2006年4月1日確認

5.5.2 スライドを使う

　最近では、パソコンとプロジェクターを用いたデジタル・プレゼンテーションが普通になりました。カラフルで美しく、ときには音声やビデオなどを統合したスライドショーは、聞き手の興味・関心を大いに惹くことでしょう。しかしながら、スライドを華美なデザインや派手なアニメーションで飾り立てることに気を取られて、内容の検討がおろそかなプレゼンテーションが多いことも事実です。内容とは関係のない装飾は必要ありません。できるだけシンプルな見やすい画面を心がけましょう。

　スライドを使うもう1つのメリットは、スライドを作る作業を通して、話の中身がわかりやすく整理されることです。わかりやすいスライドを作るのは実は難しいことですが、その作業をするうちに頭の中の情報が整理され、テーマに関する理解がより深まっていきます。

　以下、スライド作成にあたっての注意点をまとめます。

① 情報量は少なめに

　スライドに盛り込む情報量に注意しましょう。人間は短時間に多くの情報を与えられても理解できません。このため、1枚のスライドは、1つのトピックにとどめます。また、説明する項目は箇条書きにし、1つの項目は1行に収まるように心がけましょう。その際に、キーワードやキーセンテンスを意識しながら項目を作成すると、簡潔なスライドを作成することができます。

② アニメーションを有効に使おう

　アニメーションを使うと、情報提示のタイミングをコントロールできますので、必要に応じて有効に使いましょう。たとえば、どうしても1枚のスライドに多くの情報を盛り込みたい場合には、アニメーションを使って情報を少しずつ順番に提示することによって、煩雑な印象を避けることができます。

③ 図やグラフを有効に使おう

　数値データが多い場合には、大量の数値を並べた数表で提示するよりもグラフ化して提示します。数表は読み手に負担をかけることになりますが、数値データを適切にグラフにすれば、数表を読むよりもはるかに理解しやすくなります。さらに、概念の説明などは、チャート図があればより伝わりやすくなるでしょう。しかし図やグラフの作成には時間がかかるので、必要性をよく検討して作成してください。不必要な図やグラフは逆効果になります。

5.5.3 スライドの作成

では、以上の注意点に従いながら、実際にスライドを作ってみましょう。アウトラインを作成したあと、アウトラインの構造を簡潔に反映したスライドを作成していきます。また、アウトラインだけでなく、視覚的に効果のある画像やデータなども効果的に配置すると、見やすいスライドができます。

スライド1

サマータイム制度の導入について

○○学部1年
学籍番号　＊＊＊＊＊＊
氏名　　□□△△

スライド2：1. サマータイム制度とは

- 夏に時計を1時間進める
- 夕方を有効に活用
- 世界70カ国以上で導入済
- 日本では導入に向けた動き
  - 北海道で試行実験（2004年から3年間）
  - 過去に導入したが、廃止

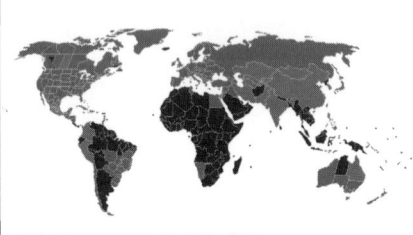

スライド3

（世界地図）
- 夏時間を実施している国・地域
- 過去に夏時間を実施したが現在は行っていない国・地域
- 夏時間を実施していない国・地域

スライド4：2. 導入のメリット

① 省エネ効果
  - 原油換算：約93万キロ・リットル削減
  - 温室効果ガス：約40万トン削減
② 経済波及効果
  - 余暇の充実
  - 観光・レジャー産業活性化：約9700億円
③ ライフスタイルが変化
  - 健康的なライフスタイルの実現
  - 交通事故・犯罪の減少

スライド5：3. 導入のデメリット

① 労働時間の増大
  - 残業時間増加
② 風土の問題
  - 夏に日照時間の長い地域では有効
  - 高温多湿の日本には合わない
③ 健康上の影響
  - 睡眠障害
  - 新学期の混乱

スライド6：4. まとめ

- 導入には慎重な検討が必要
  - メリットとデメリットが拮抗
  - 世論調査→賛成38%、反対39%
- 提案
  - 小規模実験を各地で実施
  - 問題点を明確化
  - 日本に合った制度のあり方を検討

サンプルスライド

POINT

配付資料やスライドを効果的に使えば、よりよいプレゼンテーションができる。

EXERCISE 3　配付資料とスライドでプレゼンテーションする

第4章 *EXERCISE 3* で作成したレポートの内容を、配付資料とスライドを使って、プレゼンテーションしましょう。

第5章をふりかえって

第5章のポイント

- **プレゼンテーションの種類**
  ①情報提示型　②説明型　③説得型　④講演型
- **プレゼンテーションの要素**
  ①アイデアの構想　②アウトライン　③スピーチとドキュメント
  ④道具　⑤時間管理
- **スピーチの手順**
  ①アイデアの構想　②アウトライン作成　③読み原稿作成　④リハーサル
- **高度なプレゼンテーション**
  ①説明型プレゼンテーション　②説得型プレゼンテーション
- **ドキュメント（配付資料とスライド）の使用**

自己評価する

1. スピーチの練習はうまくできましたか。どこが悪かったかをもう一度反省して、今後に活かしましょう。
2. 説明や説得のプレゼンテーションは、これからの学びの中でおこなうプレゼンテーションの中心になります。**EXERCISE** の成果をもう一度ふりかえりましょう。
3. 作成したドキュメントをもう一度見直して、改善してみましょう。

学びを深めたい人に

- **わかりやすいスピーチをめざす人に**
  1. 吉田たかよし著、『「分かりやすい話し方」の技術』、講談社ブルーバックス、2005年
  2. 小野田博一著、『論理的に話す方法』、日本実業出版社、1996年
- **プレゼンテーション全般を知りたい人に**
  1. 上村和美他著、『プラクティカル・プレゼンテーション』、くろしお出版、2005年
  2. 富士ゼロックス・ドキュメントマネージメント推進室編、『プレゼンテーションの説得技法』、日本経済新聞社、1989年
- **知識の分類・整理と表現などについて知りたい人に**
  1. バーバラ・ミント著、『考える技術・書く技術』、ダイヤモンド社、1999年
  2. ジーン・ゼラズニー著、『マッキンゼー流　図解の技術』、東洋経済新報社、2004年

第6章 ディスカッション

　ディスカッションは、他人との知的コミュニケーションを通して問題に対する理解を深め、問題のよりよい解決策を探るための有効な方法です。大学での学びにも広く応用できます。第6章では、このディスカッションについて総合的に学び、様々なディスカッションのスキルを訓練します。

　まず、ディスカッションの意義や種類、注意点など基本的な知識を解説したあと、3つの異なるディスカッションの訓練を通して、このスキルを総合的にみがいていきます。

学習内容

○ ディスカッションの意義を理解し、その基本的スキルを学ぶ。
○ 参加者の意見や本音を深く知るための討論形式を学び、訓練する。
○ 創造的に発想したり、効率的に問題を解決するための方法を学び、訓練する。
○ 多人数で、多角的かつ深い内容の理解が得られる討論形式を学ぶ。

この章で身につく学びの力

1　コミュニケーション力
2　発想力
3　創造的思考力
4　問題解決力
5　合意形成力

第6章 ディスカッション

6.1 大学での学びとディスカッション

6.1.1 ディスカッションの重要性

　授業の中でグループになって様々な問題を話し合ったり、HRやクラブ活動で運営の方針を話し合ったりというように、日本でもディスカッションは決して珍しいものではありません。しかし、本当に有意義なディスカッションに出会った経験のある人は少ないのではないでしょうか。

　たしかに、今の日本では、教育現場だけでなく社会全体において、ディスカッションが成功していない現状があります。しかし、それはわれわれが効果的なディスカッションの方法を知らないこと、そしてそうしたディスカッションの訓練を積んでいないことに由来しているのです。

　こうした日本社会の弱点は、最近ではよく認識されるようになってきました。企業でディスカッションのスキルが熱心に学ばれ、就職試験などにおいてもディスカッションが積極的に利用されるようになっているのは、その現れといえるでしょう。

　大学の学びでも同様です。大学では、比較的多人数の学生が教室で教員の話を聞く講義形式の授業の他に、少人数でのディスカッションを主体にした演習（ゼミ）形式の授業がたくさん実施されています。こうした演習（ゼミ）の中で生産的なディスカッションをおこなえるようになれば、学びの質はさらに向上していくことでしょう。

　大学での授業を通して育成されたディスカッションのスキルは、社会で活動する際に必要とされる様々なディスカッションにおいても有効に活用できますから、しっかりと取り組んでください。

6.1.2 ディスカッションとプレゼンテーションの関係

　第5章では、プレゼンテーションについて詳しく学びましたが、ディスカッションは、プレゼンテーションとは基本的に異なる活動です。プレゼンテーションは、通常は1人でおこなうものであり、一方向の意見の伝達だといえます。これに対してディスカッションは、グループによっておこなう双方向のコミュニケーションであり、その目的は、問題意識を共有して共通の理解を獲得したり、共通の解決策に到達したりする点にあります。

ディスカッションとプレゼンテーションの違い

ディスカッション	プレゼンテーション
・グループでおこなう	・通常1人でおこなう
・双方向	・一方向
・問題を共有して解決する	・発表者の意見を伝える

　このように、ディスカッションは、プレゼンテーションには含まれていない新しい知的コミュニケーションを含んでいますが、しかし、プレゼンテーションと連続する側面も持っています。なぜなら、プレゼンテーションでは、情報（意見）の発信者とその受け手がいるわけですから、両者の間に、さらなる知的コミュニケーション（すなわちディスカッション）が成立する可能性が常にあるからです。プレゼンテーションをディスカッションに連結させれば、発表者と聴衆の間にさらなる双方向のコミュニケーションを効果的に作り出し、より生産的な成果を得ることができるのです。プレゼンテーションを一方的な情報伝達で終わらせないためにも、ディスカッションは重要だといえるでしょう。

POINT

ディスカッションの正しい方法をしっかりと身につけ、様々な知的生産活動につなげていこう。

6.2 ディスカッションの心得

6.2.1 生産的なディスカッションの条件

どうすれば、生産的なディスカッションが可能なのでしょうか。以下、その条件を考えてみましょう。

●目的が共有されていること

第1に、生産的なディスカッションは、何よりもディスカッションをする目的が明確で、しかもその目的がグループのメンバー全員に共有されています。

ディスカッションの目的は多様です。サークル会議、ゼミのディスカッション、会社の企画会議など、グループが違えば、議論の目的も異なります。参加者全員がディスカッションの目的を明確に認識していなければ、ディスカッションは効率的に進まないのです。

●ルールが了解されていること

第2に、効率的なディスカッションの進行のためには、ディスカッションを統制するルールが必要です。そして、メンバー全員がそのルールを了解していることが求められます。たとえば、発言したい者が自由に発言してよいのか、あるいは、許可がなければ発言してはいけないのか。こうした基本的なルールをメンバー全員が了解していなければ、ディスカッションは混乱し、効率よく進行させることができません。

●リーダーシップの存在

第3に、司会が強いリーダーシップを発揮して、ディスカッションを円滑に進行させなければなりません。この司会のリーダーシップにメンバー全員が積極的に従い、両者が互いに協力し合うことによって、ディスカッションを効果的に進めるよい雰囲気が生まれ、議論が円滑に進むようになるのです。

6.2.2 参加者の心得

●ディスカッションの目的を理解する

ディスカッションの参加者は、そのディスカッションの目的を理解し、その目的達成のために司会に協力していく姿勢が求められます。メンバー一人一人が、ディスカッションを始める前に、どのような目的のためにディスカッションをおこなうのかを、きちんと知っておく必要があります。この点について明

らかでなければ、司会に説明を求めましょう。

●積極的に発言する

参加者は、ディスカッションの中で積極的に発言しなければなりません。ディスカッション中に発言しないことは、共同作業への協力の拒絶を意味します。恥ずかしがらずに、自分の思うことをはっきりと述べることが大切です。なお、ディスカッションの終了後に発言することは厳禁です。いいたいことはすべて、ディスカッションの中でいうようにしましょう。

●相手の意見を聞く

ディスカッションとは、複数の人々の間でおこなう共同作業ですから、参加者は他の参加者のいうことを真摯に受け止め、誠実に応答することが求められます。一方的に自分の意見だけを述べるのではなく、相手の意見にしっかりと耳を傾けなければなりません。そして、相手の意見の受け入れるべきところは受け入れ、必要があれば自分の考えを修正していく姿勢が必要です。また、相手からの批判に対しては、感情的にならないように心がけてください。

6.2.3　司会(ファシリテーター)の心得

司会はその役割から、「ファシリテーター(facilitator)」(議論の交通整理をして円滑に進行させる者)とも呼ばれます。司会になったら、自分の責任の重さを自覚し、その役割をしっかりと果たす努力をしてください。

司会に求められる役割は、ディスカッションの種類により様々です。強いリーダーシップが求められる場合もあれば、そうでない場合もあります。また、最終的に参加者の間の合意(意見の一致)が必要な場合もあれば、必ずしも必要ない場合もあります。しかし、どのようなディスカッションであれ、司会のリーダーシップが大切であることにかわりはありません。

司会は中立的な立場に立ち、議論が円滑に進むように配慮しなければなりません。また、議論が横道にそれたときには修正し、混乱したときには交通整理をすることが求められます。発言しすぎる人を制御したり、発言しない人の発言を促すのも、司会の大切な役割です。

以下、ディスカッションを円滑に進めるために気をつけるべきポイントをまとめておきます。司会は、こうした点を常に意識しながら、議論の交通整理をおこなってください。

●発言の趣旨を常に確認する

　参加者の発言の内容が常に明確とは限りません。誤解を招くようないい方をする場合もありますし、そもそも何がいいたいのか不明な場合もあります。こうしたとき、その発言内容を明確にするのは司会の役割です。たとえば、「あなたのご意見は、要するに、…ということですか？」などと発言内容の確認をしたり、「いまの発言は不明確なので、もう一度説明し直してください」などと要求します。

●ディスカッションの目的を常に意識する

　知らないうちに議論があらぬ方向に向かってしまい、気がつくとまったく関係のない話をしていたということはよくあることです。そうしたことが起こらないよう、司会は常にそのディスカッションの目的を意識している必要があります。

●異なる意見を対比させる

　ディスカッションでは、異なる意見が提示され対立することがしばしばあります。そのような場合には、意見の対立点や共通点などを明確にすれば、対立を解消しやすくなります。

●根拠やデータを求める

　客観性のない意見を、あたかも自明の事実であるかのように述べる人がいます。そのような発言があった場合には、その根拠や証拠となるデータの有無を確認するよう心がけます。そうすれば、信憑性のない意見に振り回される心配がなくなります。

6.2.4　記録係

　ある場合には、ディスカッションでの議論の内容を、記録する必要があります。その場合には、別途、記録係を指定します。議論に参加しながら、きちんとした記録を取るのは困難なので、記録係は、議論から離れて記録係に徹したほうが作業がスムーズに進みます。

POINT

参加者全員が目的を共有し、それぞれの役割を自覚的に分担して、生産的なディスカッションをおこなおう。

6.3 ディスカッションの種類と目的

6.3.1 様々なディスカッションの形式

これまでは、ディスカッション一般にかかわる説明でしたが、実際のディスカッションは、種類も様々で、その効果も異なっています。代表的なディスカッションとしては、次のようなものを挙げることができるでしょう。ただし、「パネルディスカッション」、「コロキウム」、「シンポジウム」などに関しては重なる部分も多く、その定義もまちまちです。下の表の説明は1例と考えてください。

様々なディスカッション形式

バズセッション	5～6人の小グループによる比較的短時間の話し合い。共通の問題や課題について、各自が自由に意見を出し合う。
ブレーンストーミング	バズセッションと同程度の規模でおこなうが、1つの問題に対する一定の結論に至ることが目的ではなく、問題を解決するためのできるだけたくさんのアイデアを集めることが目的。KJ法と組み合わせることで、効果的な意見形成ができる。
パネルディスカッション	司会、発表者（パネリスト）、コメンテーターなどによって構成される。与えられたテーマについて、発表者が意見を表明し、コメンテーターがコメントする。通常、各自の意見の概略はあらかじめ知らされる。聴衆が問題を考えることをねらいとしている。
フォーラムディスカッション	主に公共的な問題などに関して、出席者全員で討議する集団ディスカッション。
コロキウム	比較的専門的な問題をテーマとして、専門家や研究者などをパネリストとする討論会、共同討議。
シンポジウム	司会と数名の発表者によって構成される。あらかじめ指定されたテーマについて、発表者が異なる立場から意見を表明したあと、参加者間、あるいは参加者と聴衆との間で質疑応答や意見交換をおこなう。パネルディスカッションと同様に、形式ばらない雰囲気の中で、発表者と聴衆が意見交換をすることができる。

ディベートもディスカッションの一種として取り扱われることがあるが、本書では区別して取り扱う。両者の違いについては 7.1.1 で詳しく説明する。

6.3.2 目的と規模に応じたディスカッション

様々なディスカッションが存在するのは、ディスカッションの目的が多様だからです。

ディスカッションの目的として、まず挙げられるのが、問題に対する共通理解を深めるというものです。ディスカッションを通して互いに意見を出し合うことで、問題に対する理解をより明確にして、メンバーの間でそれを共有することができます。さらに、ディスカッションでは、問題に対する解決策を模索することもできます。話し合いを通して1つの方針を見出し、その方針に対する合意の形成をめざすのです。こうしたディスカッションの目的に応じて、適切なディスカッションの形態があります。

さらに、こうした目的を少人数のグループで達成するのか、あるいは多人数で達成するのかという規模の点でも、ディスカッションの形態は異なってきます。多人数でこうした目的を達成する場合には、その方法にも工夫が必要になります。

本章では、目的と規模の違いにより、次のような3つのディスカッションを取り上げ、学んでいくことにします。

① 問題に対して意見を出し合い、共通理解を深めるディスカッション

ディスカッションのメリットは、自分の狭い視野を広げるところにあります。他人の様々な意見を聞き、それを自分の中に取り入れることにより、新しい視点からものを考えることができるようになります。こうしたディスカッションとしては、バズセッションなどの少人数による話し合いが最適です。

② 問題に対する有効な解決策を見出して、合意を形成するディスカッション

ディスカッションのもう1つの意義は、人々の考え方を1つにまとめ、合意に導いてくれる点にありました。本章では、ブレーンストーミングにKJ法という発想法を組み合わせることで、こうした目的を効果的に達成するディスカッションを学びます。

③ 多人数で問題を共有するディスカッション

①②のタイプのディスカッションは、少人数でおこなうもので、メンバー全員がディスカッションに参加します。しかし、多人数でおこなうディスカッションでは、発表者と聴衆が分かれ、発表者のプレゼンテーションとディスカッションを聴衆が聞くというスタイルをとります。もちろん、聴衆が発表者と意見交換をする機会は設けられますが、それはこのタイプのディスカッションの主目

的ではありません。むしろ本来の目的は、発表者間のディスカッションを聞くことを通して、様々な考え方を多角的に学ぶという点にあるといえるでしょう（パネルディスカッション、シンポジウムなど）。

6.3.3 大学での学びに必要なディスカッションとは

　以上の3つのディスカッションは、大学での学びを豊かなものにするためにぜひとも必要なディスカッションです。こうしたディスカッションに積極的に参加して、問題の理解を深めるとともに、問題解決への合意形成をめざすことで、共同の学びの場が形成されます。その中で、仲間と一緒に切磋琢磨しながら学んでいくことで、大学での学びはより豊かなものになっていくのです。

　①②のようなディスカッションの方法をしっかりと学んでおけば、上位年次の演習（ゼミ）が、より意義深いものになるでしょう。また、③についても、こうした形式のディスカッションを授業の中に取り入れることで、より効果的な学びを進めていくことができます。クラスのメンバー全員が1つの問題を多様な視点から深く学んでいくために、ぜひとも取り組んでほしいディスカッションです。

　こうして学んだディスカッションのスキルは、社会人になってからも、様々な場面でみなさんの役に立ってくれるはずです。今のうちにこれらのディスカッションを経験し、そのスキルをみがいていきましょう。

POINT

ディスカッションには、様々な種類がある。うまく使い分けて、大学での学びをより豊かなものにしよう。

6.4 理解を深めるディスカッション

6.4.1 イントロダクション

この節では 6.3.2 で述べたディスカッションのうち、①の練習をします。ここでは、「バズセッション」を取り上げることにしましょう。「バズセッション」という名前は、蜂のぶんぶんという音（バズ）に由来しています。少人数のグループで各メンバーが自由に意見を出し合い、くだけた雰囲気でガヤガヤと討論を進めていくので、この名前があります。このバズセッションは、少人数で実施できるので、一人一人の発言を引き出しやすく、参加者の本音で深く突き詰めたディスカッションができます。

この節では、バズセッションを使って、第5章でおこなったプレゼンテーションの内容をより深めていく作業をしてみましょう。プレゼンテーションを実施したあとにこのバズセッションをおこなえば、プレゼンテーションの内容について他のメンバーからの疑問や考えを聞くことができ、活発な意見交換をすることが可能です。この他、演習（ゼミ）などで取り入れれば、内容の理解をより一層深めていくことができます。

6.4.2 バズセッションの進め方

バズセッションは、あまり形式ばらずに自由に意見交換できるディスカッションですが、自由であるだけにその実施には注意が必要です。なぜなら、他人の意見に同調する気遣いなしに、各人が自由に自分の考えを表明できる分、議論がわき道にそれたり、意見が対立して収拾がつかなくなる危険性があるからです。また、自発的な発言を原則とするということは、逆にいえば発言する義務もないということですから、意見がまったく出ずに議論が先に進まなくなってしまう危険性もあるわけです。

こうした危険をできるだけ回避し、議論を円滑に進行させるためには、司会のリーダーシップと参加者の自発的な参加の姿勢が必要となります。

- ●メンバー：5～6人が標準
  - メンバー数は、多すぎても少なすぎてもいけない。多すぎると発言しない者が出てくる。少なすぎると、多様な意見が出てこない。

- ●時間：5～6分が標準
  - 短い時間の中で集中的にディスカッションをしたほうが効果的。

- ●メンバーの選定
  - 親しい者が同じグループに入るのは避ける。発言者や発言の内容が固定化してしまったり、話がわき道にそれる危険性がある。

- ●机の配置
  - ・円卓などを使用し、参加者がお互いの顔を見られるような配置にする。

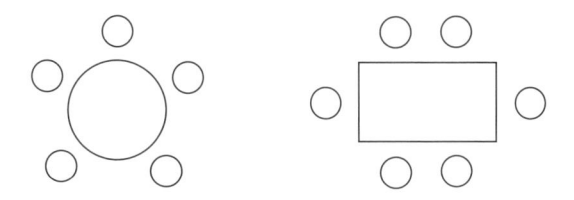

- ●進め方
  1. 司会を決める。
  2. 全員が簡単な自己紹介をする。
  3. ディスカッションを開始。各自が自由に意見を出す。また、他人の意見に対して、反論やコメントを加える。
  4. 時間が来たら、司会がすみやかに議論を打ち切る。
  5. 司会が話し合いの結果についてコメントする。

バズセッションの進め方

POINT

バズセッションをすれば、みんなで楽しみながら、より深い意見交換ができる。

EXERCISE 1　バズセッションで理解を深める

第5章でおこなったプレゼンテーションを利用し、内容の理解をさらに深めていく練習です。

● 進め方

(1) プレゼンテーション（5分）：第5章 EXERCISE 3 で用意した内容を、5～6人のグループの前でプレゼンテーションする。

(2) バズセッション1（5分）：グループで、内容について自由に討論し、質問や意見をまとめる。時間が来たらバズセッション1を打ち切り、司会が成果をまとめる。

(3) バズセッション2（5分）：司会がバズセッション1の結果を発表者にフィードバックする。その後、発表者と討論をおこなう。発表者は、単に質疑応答に応じるだけでなく、メンバーの異なる意見に対して答え、議論に加わる。時間が来たらバズセッション2を打ち切り、司会が成果をまとめる。

6.5 問題を解決するディスカッション

6.5.1 イントロダクション

この節では 6.3.2 で述べたディスカッションのうち、②を取り上げます。まず、グループによるアイデア創出法として代表的な「ブレーンストーミング」の解説をします。この方法で多様なアイデアが出てきたら「KJ法」と呼ばれる方法を使い、アイデアを効率的にまとめていきます。KJ法による作業で方針が見えてきたら、もう一度グループで話し合いながら、解決策をまとめていきます。

ブレーンストーミングとKJ法を組み合わせた意思決定法は、日本で独自に発達した方法で、今では有効な発想法として定着し、社会の様々な場面で活用されています。これらの方法をマスターすることで、大学の学びにおける問題解決だけではなく、社会のあらゆる場面における問題解決に役立てることができるのです。

なお、この節でおこなう訓練は、自分1人で問題解決をおこなう場合にも役立てることができます。ブレーンストーミングを1人でおこない多様なアイデアを出すためには、一定の訓練が必要ですが、グループ作業を通してそのコツを身につけることで、1人でもこの問題解決法を活用できるようになるのです。この方法は、レポートを書く際のアイデア創出などにも有効ですから、大学での学びの中で活用していくことをお勧めします。

6.5.2 問題解決のためのアイデアを出し合う(ブレーンストーミング)

ブレーンストーミングは、数十年前からおこなわれてきた代表的なディスカッションの方法です。「ブレーンストーミング(brainstorming)」とは、「頭の中に嵐をおこす」という意味で、その特徴は参加者が手当たり次第に自由にアイデアを出し合う点にあります。その際、参加者は誰かのアイデアに反対したり批判するなど、中身の検討をしてはいけません。決められた時間の中で、ひたすら新しいアイデアを出していくのです。こうした自由なディスカッションは、新しいアイデアを効果的に収集するために有効です。会社の会議などで利用されることが多いですが、大学での学びにおいても使えることはいうまでもありません。

```
●用意するもの
・カード(あるいはカード大の付箋紙)を多数、記入用のペン、模造紙。

●人数
・5〜10人が標準。少なすぎても多すぎてもいけない。
・司会と記録係を決める。

●進め方
1. 次のようなルールに従い、与えられたテーマについてのアイデアを自由
   に出していく。

　話し合いのルール
(1) 自由な発言。誰からでも自由に発言できる。司会は発言を妨げてはなら
    ない。アイデアについても自由。他の人と似たものでもかまわない。
(2) 質よりも量が大切。とにかくたくさんのアイデアを出す。
(3) 他人のアイデアを批判し、反対してはならない。
(4) 他人のアイデアを利用したり、組み合わせたりしてもかまわない。

2. 記録係は、出されたアイデアをその都度カードに記録していく。
```

ブレーンストーミングの進め方

6.5.3 集めたアイデアを整理・分類する(KJ法)

　ブレーンストーミングで集まった様々なアイデアを効果的に整理・分類するための方法が、KJ法と呼ばれる思考法です。

　KJ法とは、文化人類学者の川喜田二郎によって考案された問題解決法です。その根底には、川喜田氏が文化人類学の研究を通して至った情報整理法が存在しています。情報整理のスキルを駆使して、集められたアイデアを効率的にまとめ、さらに様々なアイデアの相互関係を発見することにより、新しい発想を生み出しやすくしています。

　次に、KJ法による最も簡単なアイデアの整理法を紹介しますので、手順をしっかりと理解してください。

● カードの整理
(1) カードを並べて、内容を見渡す。

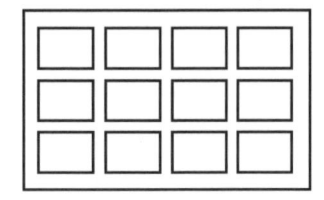

(2) 内容の類似するカードごとに
　　まとめて、カードの山を作る。

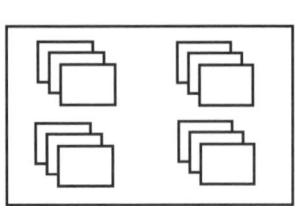

(3) 類似する内容ごとにまとめて、
　　模造紙の上に貼り、「囲み線」
　　を引く。その囲み線に囲まれ
　　たグループの要点を書き出し
　　た「表札」をつける。

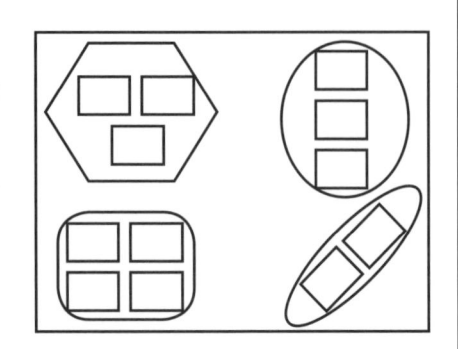

(4) それぞれのグループの関連を
　　考え、関連するものに「関係
　　線」を引く。

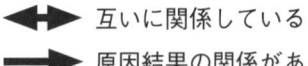

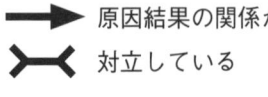

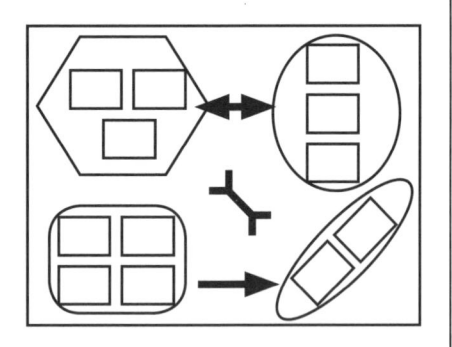

　　⬌　互いに関係している
　　→　原因結果の関係がある
　　⋈　対立している

● ディスカッション
　　この分類をもとに、再度ディスカッションをおこない、内容をまとめていく。このとき、どのようなことが明らかになったのかを明確にするために、言葉で説明して、内容の流れを確認する。

● 文章化する
　　最後に、内容を文章化していく。カードのつながり、まとまりごとの内容の関係がわかるように説明を加えながら、筋の通ったわかりやすい文章にまとめていく。

KJ 法の進め方

6.5.4 ブレーンストーミングと KJ 法を組み合わせる

ここでは、ブレーンストーミングと KJ 法を組み合わせて、問題に対する解決策を探り提案する方法を解説します。

テーマ：安心して子育てができる社会を作るには

現代社会が抱える問題の1つに、少子化をめぐる問題があります。少子化が持つ意味をめぐっては様々な議論がありますが、いずれにしても、急速な少子化が社会を不安定にしてしまう望ましくない現象であることは明らかでしょう。では、どうすればこの急速な少子化傾向を食い止めることができるのでしょうか。少子化の原因の1つとして、現代社会では子育てがしにくいという現状があります。そこで、安心して子育てができる社会を作るための提言を考えてみましょう。

ステップ1　ブレーンストーミングでアイデアを出し合う

最初のステップは、ブレーンストーミングでアイデアを出し合い、提言に盛り込むアイデアをできるだけ多く集めることです。ここでどれくらい多様なアイデアを出せるかが、その後の作業を成功させる鍵になります。

- 今の日本では、夫が家事や育児に非協力的。夫がもっと協力すればよい。
- 残業で夫の帰りが遅い。残業が少なくなることが必要。
- 女性の残業が少なくなれば、子育てがしやすくなる。
- ワークシェアリングなどで労働時間を短縮すれば、残業は少なくなる。
- 母親が子育てに自信を持てないのではないか。経験が少ない。
- 日本では、育児休暇が取りにくい。制度が形骸化している。
- 企業がもっと育児休暇を意欲的に認める必要がある。
- 企業は、女性が子育て後に職場復帰しやすくすべき。
- 近所づきあいが少なくなった。子育てについて相談できる人が周りにいない。
- 核家族化で、祖父・祖母が家庭にいなくなったことも問題。
- 社会に出て働く女性の数が増えた。共働きの夫婦が増加。
- 保育所の数が少ない。希望してもなかなか入れない。
- 子どもの教育には莫大なお金がかかる。教育費を何とかする必要がある。
- 晩婚化が進んでいる。結婚しない女性も増えている。
- 所得格差が大きくなっている。経済的に子どもを育てられないのではないか。
- 子どもを狙った犯罪が増加。子どもを安心して育てられる安全な社会が必要。
- 国や行政のサポートが欠かせない。地方自治体の努力も大切。
- 未来への明るい希望があれば、子どもを生む人が増えるのではないか。
- 子どもが欲しいのにできない夫婦がたくさんいる。

第6章 ディスカッション

ステップ2 集まったアイデアをKJ法で整理する

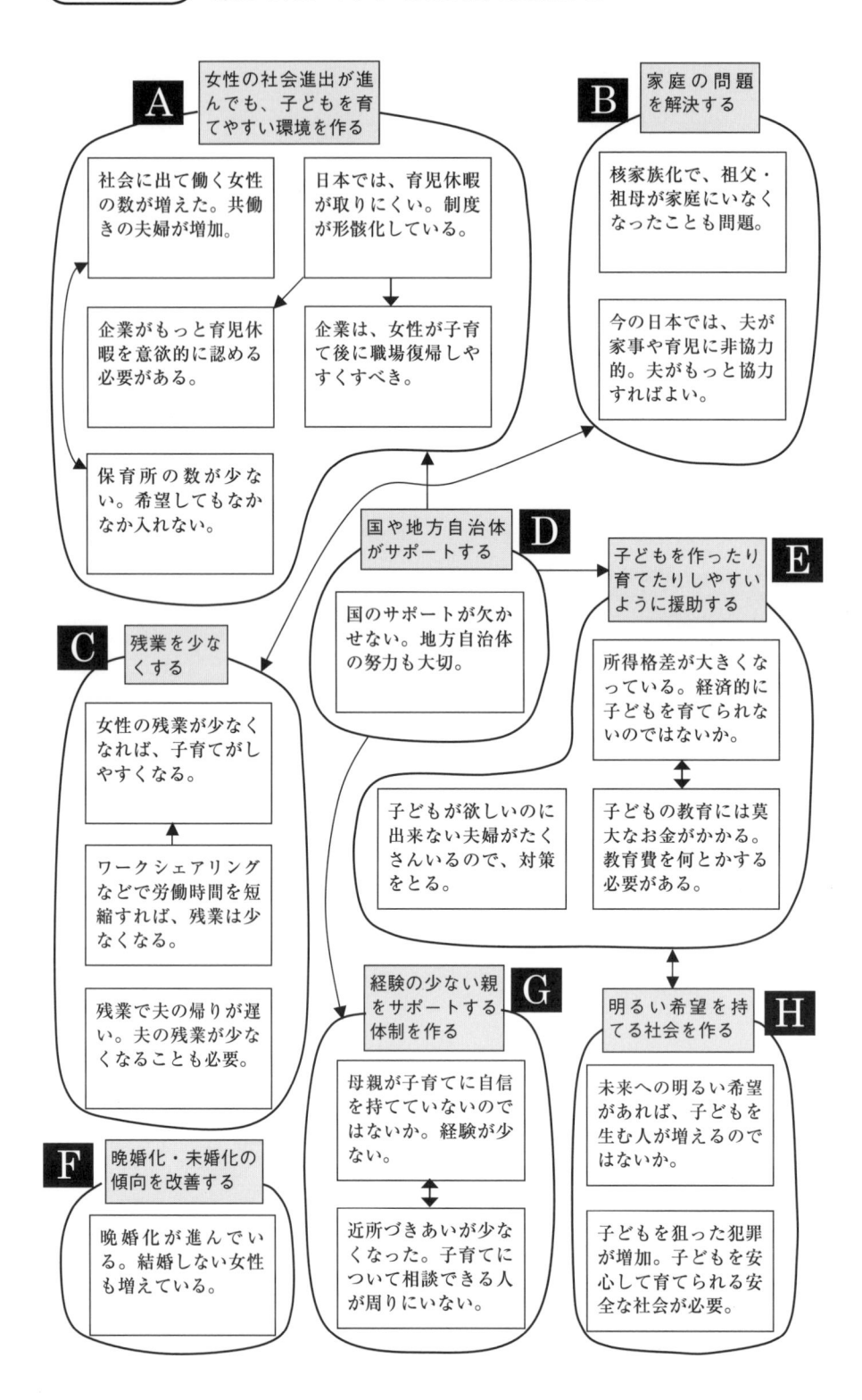

A　女性の社会進出が進んでも、子どもを育てやすい環境を作る

- 社会に出て働く女性の数が増えた。共働きの夫婦が増加。
- 日本では、育児休暇が取りにくい。制度が形骸化している。
- 企業がもっと育児休暇を意欲的に認める必要がある。
- 企業は、女性が子育て後に職場復帰しやすくすべき。
- 保育所の数が少ない。希望してもなかなか入れない。

B　家庭の問題を解決する

- 核家族化で、祖父・祖母が家庭にいなくなったことも問題。
- 今の日本では、夫が家事や育児に非協力的。夫がもっと協力すればよい。

C　残業を少なくする

- 女性の残業が少なくなれば、子育てがしやすくなる。
- ワークシェアリングなどで労働時間を短縮すれば、残業は少なくなる。
- 残業で夫の帰りが遅い。夫の残業が少なくなることも必要。

D　国や地方自治体がサポートする

- 国のサポートが欠かせない。地方自治体の努力も大切。

E　子どもを作ったり育てたりしやすいように援助する

- 所得格差が大きくなっている。経済的に子どもを育てられないのではないか。
- 子どもが欲しいのに出来ない夫婦がたくさんいるので、対策をとる。
- 子どもの教育には莫大なお金がかかる。教育費を何とかする必要がある。

F　晩婚化・未婚化の傾向を改善する

- 晩婚化が進んでいる。結婚しない女性も増えている。

G　経験の少ない親をサポートする体制を作る

- 母親が子育てに自信を持てていないのではないか。経験が少ない。
- 近所づきあいが少なくなった。子育てについて相談できる人が周りにいない。

H　明るい希望を持てる社会を作る

- 未来への明るい希望があれば、子どもを生む人が増えるのではないか。
- 子どもを狙った犯罪が増加。子どもを安心して育てられる安全な社会が必要。

ステップ３　レポートを作成する

　最後に、整理されたアイデアをまとまりのある文章にしていきます。まず、カード全体を見渡して、最もわかりやすいストーリーを話し合ってみましょう。いくつかの可能性を考えてみて、最もよいストーリーを選びます。以上が決まったら、今度は文章化してレポートにまとめていきます。論点の並べ方は様々で、一概にどれが正解とはいえません。論点の取捨選択によっても、様々な議論を作っていくことが可能です。

　ここでは、すべてのカードを利用して次のような文章を作ってみました。

安心して子育てができる社会を作るには

　現在の日本の社会では、晩婚化が進み、結婚しない女性も増えている。こうした傾向に対する対策を取ることも必要だが、まずは安心して子育てのできる社会を作ることによって、出生率を上げていくことが大切である。　**F**

　安心して子育てができない原因として、いくつかの問題が考えられる。まず第１に、労働条件をめぐる様々な問題が挙げられる。最近では女性の社会進出が盛んになり、共働きの夫婦が増えたにもかかわらず、子どもを持った女性が働きやすい環境であるとはいいがたい。子どもが小さいときには、育児休暇が不可欠である。しかし、今の日本では制度が形骸化し、ほとんど機能していない状態である。女性だけでなく、男性も育児に参加すべきであるが、男性が休暇を取れる会社はほとんど存在しない。この点については、企業が社会的使命を自覚し、もっと意欲的に育児休暇を認めていくべきであろう。　**A**

　また、保育所の不足も深刻な問題である。現在は、希望しても保育所には入れないケースが多いが、こうした状況を改善しないと、働く女性が子育てをすることは困難になる。

　さらに、現在の日本では、労働時間が大幅に伸び、残業が増加している。女性でも男性でも、残業で帰宅が遅くなれば、それだけ子育てをしにくくなる。この点については、ワークシェアリングの制度などを導入し、早く帰宅できるシステムを作るべきであろう。　**C**

　第２に、家庭や地域の問題を挙げることができる。現代日本の家庭は、核家族化が進み、子どもの面倒を見てくれる人（祖父や祖母）が家にいない場合がほとんどである。育児は夫婦でおこなわなければならないが、しかし、日本の男性は家事や育児に非協力的である場合が多い。男性の育児参加を社会的に推し進めていく必要があるが、それだけで　**B**

なく、子育てをする母親を地域でサポートしていくシステム作りが不可欠であろう。現代社会は、近所づきあいが少なくなり、子育てについて相談できる人が周りにいなくなった。地域の助け合いのシステムを作り、経験のある人がアドヴァイスできるようなつながりを作ることが必要である。 G

さらに、経済的な援助も不可欠である。現代社会は所得格差が増大し、経済的に子どもを育てるのが難しい家庭も生じている。子どもの教育には莫大な費用がかかるので、それをサポートしていかなければならない。しかも、子どもが欲しいのにできない夫婦も多数存在する。そうした夫婦が不妊治療をおこなうための資金的援助をすることが望ましい。 E

その他、子どもを狙った犯罪が増加して、社会的な不安が増大している。明るい希望を持てる、安全な社会を作ることが急務であろう。 H

以上のような問題は、個々人の努力だけで解決できるようなものではない。国や地方自治体が中心となり、社会全体で子育てをサポートしていく姿勢が必要である。 D

POINT

ブレーンストーミングとKJ法をうまく組み合わせれば、問題解決をより容易にすることができる。

EXERCISE 2　ブレーンストーミングとKJ法で問題を解決する

次の問題について、ブレーンストーミングとKJ法を使って解決策を模索し、レポートにまとめてみましょう。

(1) 学園祭を盛り上げるには？
みなさんが大学の学園祭の企画委員になったとします。学園祭では様々なイベントが企画されます。イベントの企画立案すべてがみなさんに任されています。みんなで魅力的な学園祭を企画してみましょう。

(2) 商店街を活性化させるには？
A市の駅前商店街は、近くにデパートができた影響で、買い物客の数が急激に減っています。駅前商店街が活気を取り戻すためにはどうしたらよいでしょうか。

6.6 問題を共有するディスカッション

6.6.1 イントロダクション

これまで学んできた2つのディスカッションは、少人数のグループでおこなうものでした。それらとは異なり、比較的多人数でおこなうディスカッションとして、最後にシンポジウムを取り上げたいと思います。

シンポジウムでは、数名の発表者が1つのテーマについて異なった視点や立場から聴衆の前で発表し、その後、発表者間あるいは発表者と聴衆の間でディスカッションをおこないます。

シンポジウムは、次のような特徴を持っています。

(1) 複数の発表者が、異なる視点や立場からプレゼンテーションをおこなう。
(2) 発表者同士でディスカッションをおこない、意見交換する。
(3) 聴衆は、一連のプレゼンテーションとディスカッションを聞くことによって、問題の広さを理解することができる。
(4) さらに、聴衆と発表者の間で、質疑応答やディスカッションができる。

つまり、シンポジウムとは 6.4 で取りあげた「プレゼンテーション＋ディスカッション」の発展形であり、これをより深化させたものと考えることができます。プレゼンテーションとディスカッションの力を最大限に活用して、問題をより多角的かつ効率的に考察し、問題に対する共通理解を深めるとともに、問題の解決策を全員で考えていくものなのです。

シンポジウムの配置

こうしたシンポジウムのメリットは、次の2点にあります。
(1) 1つの問題について、あらかじめ多様な視点から論点を決めておくので、多面的な検討がしやすい。
(2) 聴衆が参加するので、多人数でも実施できる。聴衆は、ディスカッションに参加しなくても、発表者のプレゼンテーションとディスカッションを聞くことで、問題の理解を深めることができる。

こうしたシンポジウムのテーマとしては、多角的な側面を持ち、様々な視点から問題を考えていけるものがよいでしょう。もちろん、聴衆全員に関心を持って一緒に考えてもらうためには、あまり専門的な問題ではなく、広く社会的に議論されている問題が最適です。たとえば、エネルギー問題や地球温暖化などの環境問題、少子高齢化やニート、少年犯罪などの社会問題、首都移転や裁判員制度などの政治的問題といったあらゆる問題分野で、シンポジウムにふさわしいテーマが存在しています。

こうしたテーマが大学での学びにおいても重要な問題であることは、いうまでもありません。シンポジウムは、大学での専門的学びにおいても大いに有効なディスカッション形式なのです。これからの授業の中で実践できるよう、その方法をしっかりと学んでおきましょう。

6.6.2 シンポジウムの進め方

少人数のディスカッションと異なり、シンポジウムでは発表者それぞれの発表の内容が指定され、発表者は各自に割り当てられた役割をきちんと理解したうえで、十分な調査にもとづいた発表をしなければなりません。また、司会も単に議論の交通整理をしていればよいのではなく、各発表者の発表内容をうまく関連づけ、議論を1つの方向にまとめていかなければなりません。その意味で、司会の役割は重大だといえるでしょう。

次に、このテキストで学ぶ小規模のミニシンポジウムの方法を説明します。

●メンバーとその役割
(1) 司会
・司会はシンポジウムの進行全体に対して責任を持つ。
① 最初に、シンポジウム全体のテーマについて説明をおこなう。
② それぞれの発表者の発表内容について紹介し、コメントする。
③ 発表者間でのディスカッションにおいて、ファシリテーターの役割を果たす。
④ 聴衆とのディスカッションにおいて、聴衆からの質問や意見を募り、ディスカッションの交通整理をおこなう。

(2) 発表者(4名)
- 各自の割り当てられた課題について調査・発表する(他の発表者と協力し、テーマの全体像が浮かび上がるような発表を心がける)。
- 発表者間でのディスカッションは、問題の全体像がよりクリアになるようにおこなう。

(3) 聴衆
- 問題の全体像をよく理解したうえで、各発表者の発表を聞く。
- ディスカッションに参加し、質問や意見を積極的に発言する。

● 準備
- 与えられたテーマに対して各発表者が異なった話題・意見を述べるように、プレゼンテーションの内容をあらかじめ調整しておく。あらかじめ各発表者に発表内容を指定してもよい。

● 時間配分(計40分)
- テーマの説明　　　　　　　　　　3分
- 発表者のプレゼンテーション　　　各6分(合計24分)
- 発表者間でのディスカッション　　5分
- 聴衆とのディスカッション　　　　5分
- 司会による総括　　　　　　　　　3分

● 進行手順
① テーマの説明
- 司会がシンポジウムのテーマについて説明し、各発表者の発表内容を予告する。

② 発表者によるプレゼンテーション
- 各発表者が順にプレゼンテーションをおこなう。

③ 発表者間でのディスカッション
- 互いに相手に対して質問やコメントをおこない、ディスカッションをする。
- 質問やコメントはテーマ全体を念頭にし、相互の発表内容の関連がわかるようにおこなう。

④ 聴衆からの質問や意見(および発表者とのディスカッション)
- 聴衆から自由に質問や意見を出してもらう。
- 司会が指名し、発表者との間を取り持つ。
- 司会は、議論が円滑に進行するように適宜介入し、議論の交通整理をおこなう。

⑤ 総括
- 司会がシンポジウム全体について、コメントをする。

ミニシンポジウムの進め方

> **POINT**
> ミニシンポジウムは、多人数で問題を共有するために最適のディスカッション。

EXERCISE 3　ミニシンポジウムで問題を共有する

シンポジウムのテーマとしてふさわしい問題を取り上げ、ミニシンポジウムをおこないます。ここではエネルギー問題を理解し、将来への課題を探るためのシンポジウムを開いてみましょう。

ミニシンポジウム：これからのエネルギー問題

　これまで主要なエネルギー源であった石油資源の枯渇が指摘されています。また火力発電や工場排出、車の排気ガスなど、石油エネルギーは、深刻な環境問題も引き起こしています。石油に代わる新しいクリーンなエネルギーの開発が不可欠です。しかし、現在のところ、どの代替エネルギーも一長一短で、次世代を担うエネルギーとはいえません。そこで、現在のエネルギー問題を多様な視点から理解し、参加者全員で考えるためのミニシンポジウムを開催します。

●発表者の論題例
(1) 石油エネルギーと地球温暖化
　　　現代社会がいかに石油エネルギーに依存しているのか、そこから排出されるCO_2がいかに環境問題を引き起こしているかを概説し、その問題点を指摘する。

(2) 原子力発電の現状と問題点
　　　代替エネルギーとして期待されてきた原子力エネルギーの現状を報告し、次世代のエネルギー源になりうるかを考える。

(3) 新しい自然エネルギー
　　　現在注目されている太陽熱、風力、水力、地熱などの自然エネルギー源と、その利用の現状と可能性について解説し、問題点を述べる。

（4）コジェネレーション

電力と熱を同時に供給する廃熱利用システムの現状について解説し、その将来の可能性について意見を述べる。

第6章 をふりかえって

第6章のポイント

●**生産的なディスカッション**
　①目的が共有されている
　②ルールが了解されている
　③リーダーシップ

●**参加者と司会の心得**
　参加者：①目的を理解　②積極的に発言　③意見を聞く
　司会：リーダーシップを発揮して、議論を交通整理

●**ディスカッションの種類**
　バズセッション、ブレーンストーミング、パネルディスカッション、
　フォーラムディスカッション、コロキウム、シンポジウム

●**ディスカッションの目的**
　①意見を出し合い、共通理解を深める
　②問題の解決策を見出し、合意を形成する
　③多人数で問題を共有する

自己評価する

1. ディスカッションの大切さを具体的に理解できましたか。具体的なディスカッションをおこなったあとで、もう一度まとめ直してみましょう。
2. 3つのディスカッションを練習しましたが、それぞれのディスカッションをおこなってみて、どこが難しかったかなど、感想をまとめてみましょう。
3. これからの大学生活の中で、ディスカッションをどのように活用できるか、考えてみましょう(サークル活動、ゼミなど)。

学びを深めたい人に

●**ディスカッションの意義についてもっと知りたい人に**
・森靖雄著、『大学生の学習テクニック』(第4章)、大月書店、1995年

●**発想法についてもっと知りたい人に**
・竹田茂生他編、『知のワークブック』、くろしお出版、2006年

第7章 ディベート

> 　ディベートは、与えられたテーマについて、肯定・否定の立場に分かれて、互いに意見を主張し合い、勝敗を決める討論競技です。意見の説得力を競い合う知的ゲームといえます。
>
> 　本章では、ディベートの練習を通して、一定のルールの範囲内で自分の意見を形成し、それを上手に主張するテクニックを訓練します。ディベートには、スタディ・スキルのすべてが盛り込まれていますので、これまでの学びの総仕上げとして大変有効です。

学習内容

- ディベートの意義を理解し、その基本的スキルを学ぶ。
- 簡単なディベートを体験することで、ディベートに必要な能力を学び取る。
- これまで習得してきたスキルを用いて、ディベートの準備をおこなう。
- 本格的なディベートの実践を通じて、自分の意見を形成し主張する訓練をおこなう。

この章で身につく学びの力

1　論理的思考力
2　批判的思考力
3　説得力
4　プレゼン力
5　コミュニケーション力
6　時間管理力

7.1 ディベートとは

7.1.1 ディベートとディスカッションの違い

　ディベートはディスカッションと似ているので、両者は同じものだと誤解している人も多いのが実情です。たしかに、両者はともに口頭でおこなわれるコミュニケーションであり、参加者は互いに意見を述べ合いますから、表面的には両者は似ています。しかし、実は両者は根本的に異なるものなのです。まず、両者の違いを理解して、ディベートの目的とその意義をしっかりと認識してください。

　では、両者の違いはどこにあるのでしょうか。第6章で解説したように、ディスカッションは、互いの理解を深めたり意見の統一をはかるためのコミュニケーションです。ディスカッションの参加者たちが対立する意見を抱いていたとしても、ディスカッションを通して歩み寄り、合意に近づくことが可能です。このように、ディスカッションは参加者間の相互理解を目的としたものですから、メンバーは、自分が正しいと考える意見を提示するとともに、相手の考え方も理解し、それを尊重する姿勢がなければなりません。そして、もし相手から説得されれば、自分の意見を変えてもかまわないのです。

　これに対して、ディベートは、決められたルールに従ってなされる討論競技であり、意見の対立を前提としたコミュニケーションです。ディベート競技の参加者(ディベーター)は、肯定側と否定側の対立する2つの陣営に分かれ、与えられた論題(テーマ)について、互いに自分たちの正しさを主張して、対立した論争を繰り広げます。その際の論争には形式が定められており、ディスカッションのように、自分の思ったことを自由に発言することはできません。この対立関係は最後まで続き、最終的に勝敗が下されることでディベートは終了します。

ディベートにあって、ディスカッションにないものは？

	ディベート	ディスカッション
コミュニケーションする	○	○
意見を述べる	○	○
対立する意見を調整する	×	○
対立する意見を戦わせる	○	×
勝敗判定がある	○	×

7.1.2 ディベートの意義

　なぜ、このような論争競技が存在するのでしょうか。それは、ディベートが、ディスカッションにはない様々な教育的効果を持っているからです。ディベートでは、与えられた論題に対して肯定・否定の明確な立場に立ち、自分たちの立場の正しさを論証して、聴衆（ジャッジ）を納得させなければなりません。そのためには、これまで本書で学んできたスキルを駆使して、説得力のある議論を作り、それをしっかりとプレゼンテーションしなければなりません。また、ディベートでは、自分の個人的な意見とは関係なく立場を指定されますので、どんな立場に立っても自由に意見を形成できる力が身につきます。これは、より柔軟な思考力の養成につながるでしょう。さらに、相手の議論を論理的に批判しなければなりませんから、批判的思考力も鍛えられます。このように、ディベートという形式的な論争競技に参加し、勝利に向けて努力することで、様々な知的能力を育成していくことができるのです。

　最近では、総合的学習の時間などを利用して、ディベートをおこなう高校も増えてきているようです。さらに、教育現場だけでなく社会においても、たとえば企業の研修などで取り入れられつつあります。これは、ディベートのスキルが、企業の企画立案や交渉などの現場において使える有用な能力であることが認められつつある証拠です。このように、ディベートの意義は日本でも次第に認識されつつあり、社会の様々な場面で取り入れられるようになってきています。ディベートの重要性は、今後ますます増していくことでしょう。

7.1.3 これまでに学んだスキルを総動員しよう

　ディベートは、適当に思いついたことをただ発言すればいいというものではありません。ディベートでしっかりと意見を主張して勝利するためには、入念な準備が必要であり、準備には情報検索、リーディング、ライティングなどの様々なスキルを駆使しなければなりません。

　みなさんは、本書のこれまでの学びの中で、こうしたスキルをすでに習得しています。それゆえ、この第7章のディベートでは、復習もかねて、これまでに習得したスキルを総動員することになります。逆にいえば、これまでのスキルは、ディベートをこなすためにあったといえます。総仕上げとして、本書で学んだスキルを自由自在に組み合わせて、応用力を身につけましょう。

7.1.4 ディベートのフォーマット

すでに述べたように、ディベートは知的な論争競技ですから、試合を遂行するための決められたフォーマット（形式）があり、ディベートはそのフォーマットにそっておこなわれます。ディベートの練習を本格的に始める前に、まずはディベートがどのようなフォーマットでおこなわれるのかを、基礎知識として理解しておきましょう。

肯定側と否定側のグループは、順番にそれぞれの「主張」（それぞれの立場の正しさを示す議論）を述べます。肯定側と否定側は、それぞれ相手の主張の内容に対して「質疑」をおこなったあと、相手の主張に対して順番に「反論」を加えます。以上のフォーマットを図に示すと、次のようになります。肯定側と否定側が、交互にプレゼンテーションをしていくのが特徴で、野球の試合をイメージするとよいかもしれません。

ディベートのフォーマット

肯定側		否定側	作業の内容
主　張			肯定側が「主張」を述べる
	←	質　疑	否定側が質問し、肯定側が答える
		主　張	否定側が「主張」を述べる
質　疑	→		肯定側が質問し、否定側が答える
反　論	→		肯定側が否定側の「主張」に対して反論する
	←	反　論	否定側が肯定側の「主張」に対して反論する
判定			ジャッジ（審判）が勝敗を判定する

通常、「主張」は「立論」、「反論」は「反駁」と呼ばれますが、本テキストでは、よりわかりやすい名称を採用しました。

ここに掲げたフォーマットは、現在使われている様々なフォーマットを参考に、大学での授業でやりやすいように作られた、このテキスト独自のフォーマットです。本章では、このフォーマットを使って、ディベートの訓練を進めていきます。

POINT

ディベートの特徴と意義をしっかり理解して、これまでの学びの集大成をしよう。

7.2 簡単なディベート

7.2.1 ピンポン・ディベート

慣れないうちに、複雑なフォーマットのディベートを始めても、なかなかうまくいきません。そこで、まずは簡単なフォーマットのディベートの練習をおこない、ディベートの形式と雰囲気に慣れるところから始めましょう。最初は、ゲーム感覚で手軽にできるピンポン・ディベートです。

ピンポン・ディベートの進め方

1. 8名から10名ほどのディベーターが2列に向かい合って、並びます。
2. 与えられた論題について、列の先頭の人（①）が賛成・反対いずれかの立場を、向かいの人（②）に対して表明しますが、このときその理由を1つ述べます。
   【例】「私は…に対して…と考えます。というのも、…だからです」
3. ②は、①の発言の内容を要約してから、これに対して反論します。
   【例】「○○さんは、…という理由で、△△という意見ですが、私は××です。というのも、…だからです」
4. このあとは、1人ずつ順番に変わりながら、反対意見を述べていきます。
5. このピンポン・ディベートは、反応の速さを競うものです。すばやく反論しましょう。

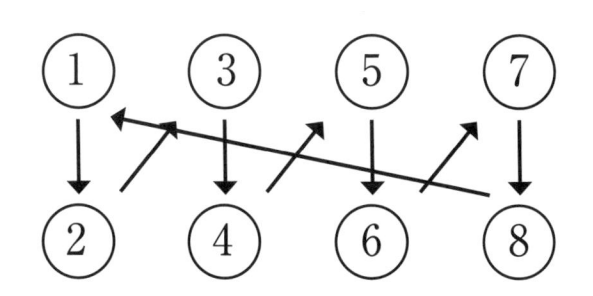

ピンポン・ディベート

7.2.2 ワンマン・ディベート

一般的に、ディベートはチームでおこなうものですが、このタイプは、1対1でおこなう簡単ディベートです。基本的なフォーマットを学べることに加えて、気軽にディベートを体験できます。

ワンマン・ディベートの進め方

1. 与えられたテーマについて、肯定側 1 人、否定側 1 人の他、司会 1 人、ジャッジ 1 人(司会がジャッジを兼ねてもよい)の役割を決めます。
2. 以下のフォーマットで、ディベートをおこないます。
3. 審判が勝敗の判定を下します。

肯定側		否定側	時間
主　　張			2 分
		質 疑 準 備	1 分
	←	質　　疑	1 分
		主　　張	2 分
質 疑 準 備			1 分
質　　疑	→		1 分
反 論 準 備			1 分
反　　論	→		2 分
		反 論 準 備	1 分
	←	反　　論	2 分
判　　定			1 分
合　　計			15 分

POINT

ゲーム感覚で楽しみながら、ディベートの形式と雰囲気に慣れよう。

EXERCISE 1　簡単なディベートをしてみよう

以下の論題から選んで、ピンポン・ディベートやワンマン・ディベートをやってみましょう。

【論題】
- 生まれかわるなら、男と女のどっち？
- 食卓で好きなおかずは、最初に食べる、それとも最後に食べる？
- 山と海、遊びに行くなら？
- 田舎と都会、老後はどちらに住みたい？
- 夏と冬では、どちらがよい？

7.3 ディベートの準備

「ディベートに準備は必要ない」とか、「本番では、大きな声を出して、その場でうまくひらめいたことをいえば、それで万全」などと考えていませんか。たしかに、**EXERCISE 1**のような簡単なディベートであれば、それでもよいかもしれません。

しかし、論題が少し難しくなるだけで、行き当たりばったりのディベートは成立しなくなります。ためしに、151ページの上級論題を見て、思いつきで何か議論が組み立てられるか考えてみてください。本格的なディベート大会の論題となることが多いこうした論題は、入念な下調べなしには、説得力のある議論が構築できないものであることがわかると思います。このような高度な論題では、十分な調査や打ち合わせなしにディベートをおこなうと、特定の人だけが話していたり、議論の論拠がまったく示されなかったり、議論が感情的になってしまったりと、様々な弊害が生じます。また、いい加減な議論をすると、しっかりと下調べや議論構築をして準備してきた対戦相手に、ひとたまりもなく敗れてしまいます。

本格的なディベートでは、準備の段階で勝敗が決まるといっても過言ではありません。ですから、準備に時間をかけて、完成度の高い主張を作ることが大切です。

7.3.1 チーム分け

まずは、チーム分けと役割分担から始めます。ディベートは同じ論題で複数回やることにするほうがよいでしょう。毎回、クラスのメンバーそれぞれが違う役割になるように変えていくのです。

● チーム分けの意味

クラスの仲間と相談しながら、肯定側、否定側、司会、ジャッジに分かれます。ディベーターになって議論を戦わせることばかりが、ディベートから学ぶことではありません。後述するように、司会やジャッジも大事な役割を果たします。また司会やジャッジの役割から学ぶことも多く、自分がディベーターになったときに役立つ知識や経験を得ることができます。役割を交代して、いろいろな仕事をこなせるようにしてください。

●肯定側の役割

与えられたテーマに対して、肯定の立場から「主張」をおこないます。グループ全員の協力によって、肯定の議論を作っていきます。

● 否定側の役割

与えられたテーマに対して、否定の立場から「主張」をおこないます。グループ全員の協力によって、否定の議論を作っていきます。

● ジャッジの役割

ジャッジは、最終的な勝敗を決める重要な役割を果たします。ディベーターたちは、一所懸命に意見を戦わせているのですから、公正な判定を下さなければなりません。そのために、ディベートの最中に、その経過を書きとめるフローシートを作ったり、採点のためのジャッジシートを記入します（ 7.4.5 7.4.6 を参照）。評価される側が納得するような判定と理由づけをめざしましょう。

● 司会の役割

司会は、ディベート全体を統率する大事な役割を果たします。進行役としての司会がしっかりしていないと、ディベートが単なるいいあいになったり、決められた時間を超過したりと、進行がうまくいかなくなってしまいます。司会がタイムキーパーを兼ねる場合には、時間をしっかりと計ってチェックをおこないます。テーマからの逸脱などのルール違反に対しても、厳しくチェックします。勝敗の最終的な判定が出るまで、司会はディベートを統率しなければなりません。

なお、慣れない最初のうちは担当の先生に司会をお任せしてもよいでしょう。

7.3.2 論題の選択

チーム分けが終わったら、次に論題(テーマ)を決めます。以下に、ディベートの論題例を挙げます。

初級論題（下調べなしでできる）

- ○ 朝ごはんは、パン食かごはん食のどちらがよいか
- ○ 犬と猫では、どちらがかわいいか
- ○ イタリアとフランスでは、どちらがおしゃれな国か
- ○ 日本のバレンタインデーは必要か
- ○ 野球とサッカーでは、どちらがおもしろいスポーツか
- ○ 旅行に行くなら、北海道と沖縄、どちらが楽しいか

中級論題（下調べがあってもなくてもできるが、やったほうがよい）
- ○ 携帯電話は本当に必要か
- ○ 大学での一般教養の授業は必要か
- ○ キャンパス内は全面禁煙にすべきか
- ○ 外国語は英語だけ学べばよいか
- ○ 夫婦別姓を認めるべきか

上級論題（しっかりと下調べしてやるべき）
- ○ 日本では原子力発電所は必要か
- ○ 日本では脳死を死と承認するべきか
- ○ 日本の死刑制度は廃止するべきか
- ○ 日本でもサマータイム制度を導入するべきか
- ○ 日本でも安楽死を合法化するべきか
- ○ 日本は環境税を導入するべきか
- ○ これからの日本に徴兵制は必要か
- ○ 日本はもっと移民を受け入れるべきか

　論題は、先生に決めてもらうか、自分たちで話し合って決めましょう。クラスのみんなの関心が高い論題のほうが、より熱心にディベートに取り組めるはずです。

　この章では、「小学校からの英語教育必修化は必要か」というテーマを例にして、解説を進めていきます。

7.3.3　主張作り

　ディベートでの「主張」とは、自分たちの立場を明らかにし、その立場が正しいことを聴衆(ジャッジ)に説得するためにおこなわれるものです。主張には、論拠となる資料の提示、プラン、メリット、デメリットなどが含まれます。これら一連の主張の要素をうまく盛り込んで構成していくことで、完成度の高い主張を作成することが可能になります。

　肯定側でも否定側でも、主張作成作業の内容はとくに違いがありません。主張作成作業の基本的な流れは、次の図のようになります。

```
① 資料収集の方向を決める
        ↑↓
② 収集した資料を整理する
        ↑↓
③ メリット、デメリットを考える
        ↑↓
④ 主張の構成を考える
        ↑↓
⑤ 批判を予想する
        ↑↓
⑥ 肯定側主張と否定側主張を確定する
        ↑↓
⑦ 主張を見直す
        ↑↓
⑧ エヴィデンス・カードを作る
        ↑↓
⑨ 相手の立場に立ってシミュレーションする
         ↓
   主張全体を最終確定する
```

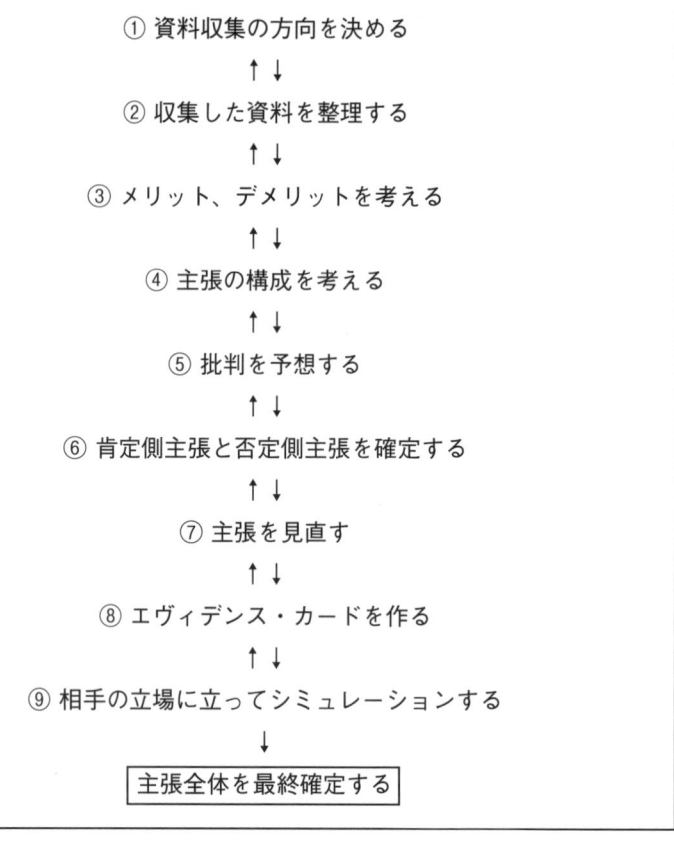

主張作成作業の基本的なプロセス

　順番に作業を進めていく中で、前の作業に立ち戻る必要が生じることもあります。そんなときはすぐに、これまでの作業を見直して、内容を改善しましょう。

① 資料収集の方向を決める

　レポートや論文を書くときに、資料をしっかり集めることが大切なのは、第4章で学んだ通りですが、それはディベートでも同様です。優れた主張を作成するために、しっかりと資料収集することが必要です。

　資料を漫然と調べていったのでは、時間や労力に無駄が生じます。効率よく資料収集するために、まずチーム内で、どのような資料がどれくらいの分量で必要かについて決定することから始めましょう。

　チーム内で意見を出し合ってまとめるときに便利な思考法は、マインドマップ(1.4.2 を参照)や、ブレーンストーミングとKJ法(6.5 を参照)です。これらの思考法を用いて、資料収集の方向性を決定します。

マインドマップで資料収集の方向を考える

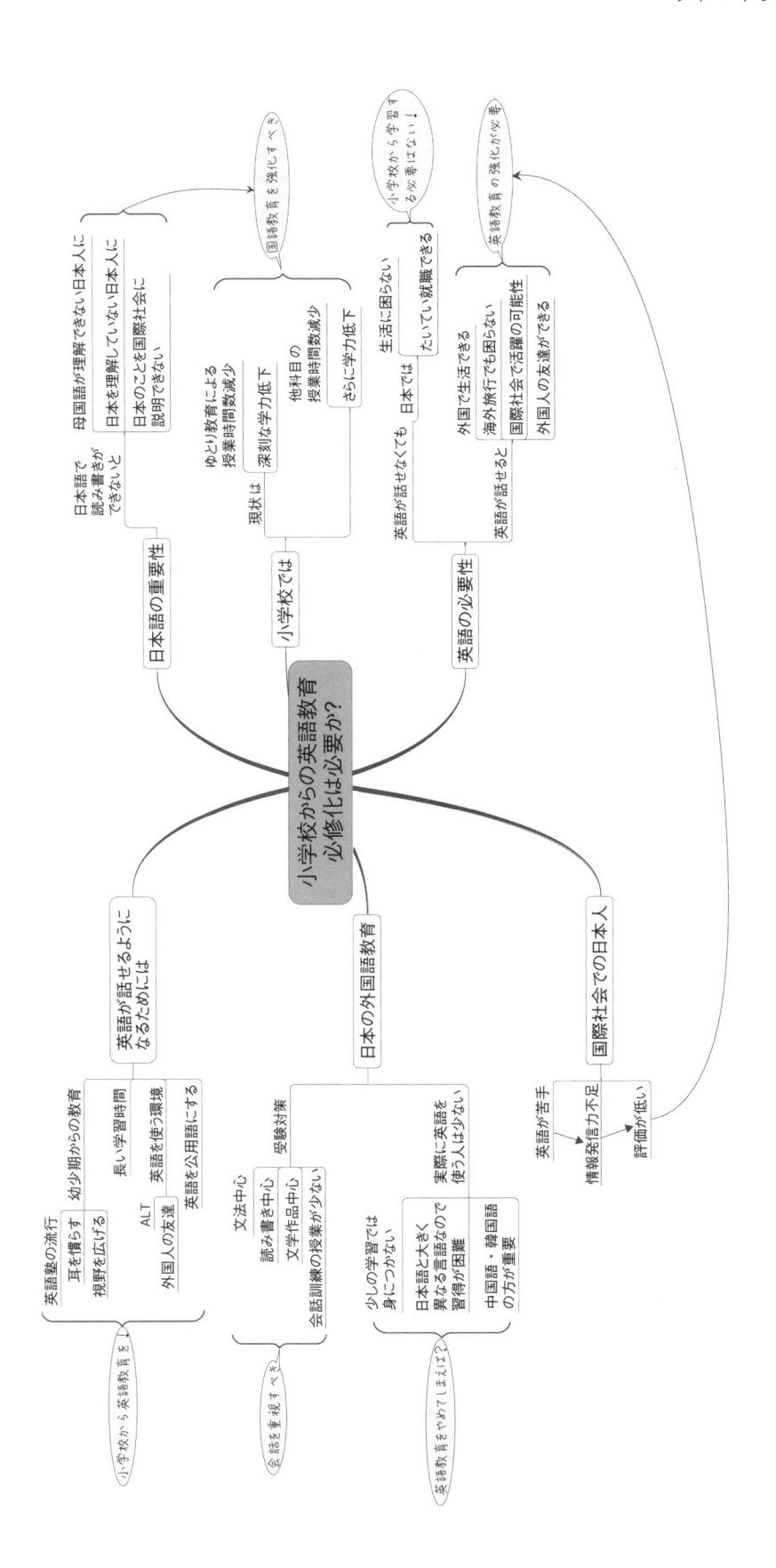

- 小学校からの英語教育必修化は必要か？
  - 日本語の重要性
    - 日本語で読み書きができないと
      - 母国語が理解できない日本人に
      - 日本を理解していない日本人に
      - 日本のことを国際社会に説明できない
    - → 国語教育を強化すべき
  - 小学校では
    - 現状は
      - ゆとり教育による授業時間数減少
        - 深刻な学力低下
        - 他科目の授業時間数減少
        - さらに学力低下
    - → 小学校から学習する必要はない
  - 英語の必要性
    - 英語が話せなくても
      - 生活に困らない
      - 日本ではたいてい就職できる
    - 英語が話せると
      - 外国で生活できる
      - 海外旅行でも困らない
      - 国際社会で活躍の可能性
      - 外国人の友達ができる
    - → 英語教育の強化が必要
  - 国際社会での日本人
    - 英語が苦手
      - 情報発信力不足
      - 評価が低い
  - 日本の外国語教育
    - 受験対策
      - 文法中心
      - 読み書き中心
      - 文学作品中心
      - 会話訓練の授業が少ない
    - → 会話を重視すべき
    - 少しの学習では身につかない
      - 日本語と大きく異なる言語なので習得が困難
      - 実際に英語を使う人は少ない
      - 中国語・韓国語の方が重要
    - → 英語教育をやめましょう
  - 英語が話せるようになるためには
    - 幼少期からの教育
      - 長い学習時間
      - 英語を使う環境
      - 英語を公用語にする
    - 英語塾の流行
      - 耳を慣らす
      - 視野を広げる
      - ALT
      - 外国人の友達
    - → 小学校から英語教育を！

153ページの図によると、肯定側であれば、英語教育論や英語の必要性についての資料を探すべきであることがわかります。逆に否定側は、学力低下問題や国語教育、英語不要論に関する資料を集めていくべきでしょう。

② 収集した資料を整理する

資料収集の方向が決まったので、第2章で学んだ資料収集のスキルを使って資料を集めていきます。資料を読むに際しては、第3章で学んだ様々なリーディングのスキルを駆使してください。

資料の内容は、資料番号、著者、出典、簡単な内容紹介、主張作りにどのくらい使えそうかなどについて記したカードを作っておくと、チームで話し合ったり、エヴィデンスとして使用するのに役立ちます（ 3.6.1 を参照）。

資料13（担当：斉藤）

藤原正彦、『祖国とは国語』、新潮文庫、2006年

「国語教育絶対論」（11〜45ページ）
・著者は、学力低下を改善するために、国語教育の重要さを徹底して説いている。
・小学校からの英語教育批判は44ページで少し触れられている。
・国語教育の重要さがメインなので、学力低下の説明には役立つが、英語教育必修の論拠にはあまり使えないかも。

カード作成の例

③ メリットとデメリットを考える

主張を作っていくうえで特に重要なのは、メリット（長所）とデメリット（短所）の関係です。論題の方針（プラン）によって改善される事柄・状態が「メリット」です。これとは反対に、論題の方針によって引き起こされる悪い事柄・状態が「デメリット」となります。

肯定側はどのようなメリットが生じるかを主張して、相手を説得します。逆に、否定側はプランがどのようなデメリットを引き起こすかを考えて、肯定側の議論を崩します。

```
┌─────────────────────────────────────────────────┐
│              プラン：                            │
│              小学校からの英語教育を必            │
│              修化する。                          │
│                                                 │
│      肯定側    ↙        ↘    否定側            │
│                                                 │
│   ┌──────────────────┐  ┌──────────────────┐   │
│   │プランを採用することで、│  │プランを採用することで、│   │
│   │こんなに大きなメリットが│  │こんなに大きなデメリットが│ │
│   │生じる。              │  │生じてしまう。        │   │
│   │                      │  │                      │   │
│   │【例】国際的に通用する英語│ │【例】さらに深刻な学力低下│ │
│   │能力が養成される。    │  │につながる。          │   │
│   └──────────────────┘  └──────────────────┘   │
└─────────────────────────────────────────────────┘
```

プラン、メリット、デメリットの関係

④ 主張の構成を考える

明らかになったメリット、デメリットに対して、主張の具体的な構成を考えていきます。以下のように構成すると、主張は論理的な構造が明確で説得力のあるものになります。

主張構成の手順

肯定側はメリットを強調し、否定側はデメリットを強調しながら、a→b→cの順序で主張を構成していきます。

a. 背景となる問題の説明
   背景となる問題がどのようなものであり、どれくらい深刻な問題であるのかを説明する

   ↓

b. プランの肯定と否定
   肯定側　論題のプランを肯定する
   否定側　論題のプランを否定する

   ↓

c. メリットの実現とデメリットの回避
   肯定側　論題のプランを採用することで、メリットが実現することを説明する
   否定側　論題のプランを採用しないことで、デメリットが回避されることを説明する

> 肯定側
>
> a. 背景となる問題の説明
>
> 　　国際社会での日本の評価が低い。その原因は、英語を話せない日本人が多く、国際社会で活躍できる人材や英語による日本からの発信力が不足しているところにある。
>
> 　　↓
>
> b. プランの肯定
>
> 　　小学校からの英語教育を必修化すべきだ。
>
> 　　↓
>
> c. メリットの実現
>
> 　　小学校からの英語教育が必修化されれば、中学・高校での英語学習がさらに効果的になり、国際的に通用する英語能力養成がより確実になる。そうすれば、国際社会で活躍できる人材がたくさん育成されて、国際社会での日本の評価が向上する。
>
>
> 否定側
>
> a. 背景となる問題の説明
>
> 　　日本では、現在、学力低下の問題が深刻である。特に、国語力の低下が問題だ。その原因は、ゆとり教育による授業時間数の減少にある。
>
> 　　↓
>
> b. プランの否定
>
> 　　小学校からの英語教育を必修化すべきでない。
>
> 　　↓
>
> c. デメリットの回避
>
> 　　小学校から英語教育を必修化すると、ただでさえ不足している基礎学力を学ぶ時間がさらに削られて、学力低下がさらに進む。英語教育を必修化しなければ、その分、国語をはじめとする別の授業に力を入れることができ、学力低下を食い止めることができる。

論題「小学校からの英語教育必修化は必要か」の主張構成

⑤ 批判を予想する

　肯定側と否定側が主張を構成するときにしなければならないのは、相手側からの批判を予想して、準備しておくことです。あらかじめ、ディベートでどのような批判意見が出るかを考えて、主張すべきメリットやデメリットを洗練するとともに、予想される反論に備えるのです。

　以下のような発想変換法を使って、いろいろと考えてみましょう。

　　a. 正反対のことを考える
　　b. たとえ話にいいかえてみる
　　c. 他の可能な選択肢を考える

---

a. 正反対のことを考える

・英語は勉強しなければならない。
　　⇔　英語なんか勉強する必要はない。
　　　　（英語なんて出来なくても、日本では普通に生きていけるのだから）

b. たとえ話にいいかえてみる

・日本語や国内事情を日本人として知っておくことは重要だが、それのみだと現代の国際社会では「井の中の蛙大海を知らず」ということになってしまう。
・英語ができても、漢字が読めず、日本語作文ができなければ、「英語は話せるが、母語ができない日本人」になってしまう。

c. 他の可能な選択肢を考える

・英語教育そのものをやめてしまってもいいのではないか。
　（中学、高校でやっても実際に社会で英語を使っている人は限られている）
・周辺諸国との地理的関係を考慮すれば、英語よりもむしろ中国語や韓国語の教育のほうが大事ではないか。
・英語を日本の公用語にすればよいではないか。
　（国際社会の立場をそれほど重要視するのであれば）

論題「小学校からの英語教育必修化は必要か」の批判予想

⑥ 肯定側主張と否定側主張を確定する

　いよいよ、主張作成の最終段階です。肯定側の場合、これまでの主張作成過程を通して考えてきたメリットの中から有効性の高いものをいくつか選びます。そして、それらのメリットをうまく並べることで、最終的な主張を確定します。最終的な主張に採用されなかったメリットでも、利用価値があると思われるものについては、カードやメモのかたちに整理しておくと、ディベートの質疑や反論の際に活用することができます。

　否定側の場合は、以上とまったく同じ作業を、デメリットに関しておこないます。

（肯定側メリット）

・幼い頃から英語についての興味を喚起する（○）
・幼い頃から世界の広さについて知ることができる（△）
・幼い頃から英語に耳を慣らすことができる（○）
・国際社会で活躍する日本人の養成を容易にする（◎）

➡「国際社会で活躍する日本人の養成を容易にする」というメリットを中心にして、国際的な日本人が必要とされる理由などを加え、肯定側の主張とする。

（否定側デメリット）

・小学校から英語を多少学んだくらいでは身につかないのではないか（○）
・英語の授業のために、他の教科の授業時間が減ってしまう（◎）
・英語という言語は日本語とはまったく異なる言語であるので、英語習得はそんなに容易ではない（○）
・英語は日本人にとっては、中国語や韓国語ほど重要ではない（△）

➡「英語の授業のために、他の教科の授業時間が減ってしまう」というデメリットを中心にして、学力低下の話題を盛り込んで、否定側の主張とする。

論題「小学校からの英語教育必修化は必要か」の主張確定

⑦ **主張を見直す**

さて、主張を確定しても、それで準備作業をすべて終えたと安心してはいけません。主張を効果的にするためには、もう一度見直すことが大事です。その際には、ディベートの進行をふまえた戦略を考えて、主張の内容をブラッシュアップすることを心がけましょう。

それでは、どのような点に注意して、主張を見直せばよいのでしょうか。以下の3つの点に注目して、主張をチェックしてみましょう。

● **データを補強する**

論拠となるデータが少なかったり、あいまいだと気づいたならば、さらに詳細なデータを集め、重要度の低いデータは削除します。たとえば、次の例を見てください。

> 数ある日本人に対する不満のなかで、かれらを最も苦しめるのは、「どうして日本人はこんなに英語ができないのか？」ということだった。そして、この話題が私をも最も苦しめた。／「大学を卒業してるのに、一言もしゃべれない」「電車や地下鉄の駅で道を訊ねても絶望的」「いちばんひどいのは病院。英語が通じるっていうから行ったのに、医者がずっと下向いて私の言うことは何もわからない。どうすればいいのよ？」などなど。
> 高野秀行、『異国トーキョー漂流記』、集英社文庫、2005年、32ページ

体験談の引用

この引用は個人的経験に基づいているので、データとしての客観性が弱いといえます。そこで、次のような客観的なデータで補強すると、議論が説得的になります。

日本のTOEFLスコア順位の推移（アジア5カ国中）

調査期間	順位
1997 - 98	5
1998 - 99	2
1999 - 00	4
2000 - 01	4
2001 - 02	4

資料出典：国際教育交換協議会日本支部代表部 TOEFL 事業部

客観的データの引用

● 先例の提示

テーマに関することですでに先例があれば、それを提示することでも説得力が高まります。積極的に取り入れていきましょう。

> 開国前の日本では多少とも英語を知っていた日本人は、[…]どうも日本全国をさがしても一〇〇人もいたとは思えない。こういう状況が変わって英語学習者がふえはじめるのは、開国以後、具体的には欧米各国との通商条約発効によって横浜が開港場としてにぎわいを見せるようになった一八五九年以降、のことであった。
> 太田雄三、『英語と日本人』、講談社学術文庫、1995 年、21 ページ以下

先例の引用

この引用から、日本では幕末からすでに英語が必要とされていたことがわかります。この事実は肯定側の議論の説得力を強めます。

● メリットとデメリットの比較

説得力があるメリットでも、同時に深刻なデメリットが隠れている場合があります。そのようなメリットを提示するよりも、よりデメリットの少ない別のメリットを主張するほうが低リスクの場合があります。判定はメリットとデメリットを比較しますので、この点を考慮に入れてメリットを慎重に選びます。

> 小学校での英語教育によって、早い段階から英語に触れることができるため、格調高い英文学などを読む能力も養成しやすい。

メリットの例

上の例は、一見メリットとしても成立しそうですが、肯定側が掲げる主題が「国際社会で活躍する人材育成」であることを考えると、必要なのは英文学よりもむしろ実用英語についてのメリットでしょう。このような文脈で上の例を採用すれば、主題から逸脱した主張と受け取られて、批判を受ける可能性が強くなります。

⑧ エヴィデンス・カードを作る

エヴィデンスとは、主張を補強する様々な論拠のことで、相手チームの反論に答えるときなどに使います。

一般常識をエヴィデンスとして用いるのも1つの方法です。誰もが一般常識

を知っているので、議論の前提として役に立ちます。しかし、格言やことわざなどは矛盾した要素もあるので、注意が必要です。たとえば、「虎穴に入らずんば、虎子を得ず」ということわざがある一方で、「君子は危うきに近寄らず」ということわざもあります。

　また、エヴィデンスにも説得力の大小がありますので、その点もよく判断してください。たとえば、主観的な印象にもとづくエヴィデンスよりも、数値化された客観的なエヴィデンスのほうが説得力があったり、情報源の信頼度によっても、説得力に違いが生まれます。

　エヴィデンスに必要な情報としては、以下のものが挙げられます。

・エヴィデンスを必要とする主張
・情報源（どこから情報をとってきたか）
・引用文や記事内容

　これらの内容は、1枚のカードにまとめておきましょう（エヴィデンス・カード）。そうすれば、ディベートの最中に、必要に応じて自由に取り出して利用することができます。

英語コミュニケーション力が必要な理由
鈴木孝夫（慶應義塾大学名誉教授）

　鈴木氏は、日本の英語教育を効率よくするために様々な提案をしていますが、その理由として以下のように述べています。

引用：（略）文化も歴史的背景も日本とはまったく違う諸外国の人々に、日本の立場や主張を単に理解してもらうだけではなく、日本人の生き方や考え方のよい点を、これまでのようにただ日本一国に閉じ込めておかず、それを広く海外に広めることによって、世界の文化文明に積極的な貢献をすることにあります。／この私の考えは、これまで日本がいろいろな先進国から長年にわたって受けてきた、様々な文化文明上の恩恵を、大国になった今こそ返すべき時がきた、という認識にもとづいているのです。（略）私の言うすばらしい日本の文化文明を一人占めにせずに諸外国に広めて、世界の人々と共有することです。
出典：『日本人はなぜ英語ができないか』、岩波新書、1999年、175ページ以下

エヴィデンス・カードの例

⑨ 相手の立場に立ってシミュレーションする

最後に、自分たちで作った主張の内容を最終確認します。

方法としては 7.2.2 で学習したワンマン・ディベートを、チームのメンバーで数回おこなってみることが有効です。その際、時間を正確に計っておこなうことで、主張の内容が時間以内に終わるかどうかも確認できます。

このシミュレーションのときには、相手方の立場に立つ人の役回りが非常に重要です。これまでメンバーと協力しておこなってきた作業内容をきっぱり忘れるようにして、その内容を批判するのです。相手の主張の説得力に欠ける部分や、エヴィデンスの有効性について反論していかなければなりません。苦しい作業ですが、こうすると、メリットとデメリットの強弱、今まで気づかなかった主張の弱点、エヴィデンスの効果などが明らかになっていきます。このようにして育成される批判的な視点や態度は、実際のディベートの場で、相手の主張を分析して批判するときに、非常に役立ちます。

> **POINT**
> 決められたプロセスに従って作業を進めれば、説得力のある主張を作ることができる。

EXERCISE 2　主張とエヴィデンスを作る

いよいよ、ディベートの準備を始めます。まず、チーム編成と役割分担を決めたあと、この節で例にした「小学校からの英語教育必修化は必要か」の肯定側主張の作成プロセスを参考にして、次の論題で肯定側および否定側の主張を作りましょう。また、その過程でエヴィデンス・カードも作ってみます。

【論題】
「日本は環境税を導入すべきである」

7.4 ディベートをおこなう

7.4.1 ディベートの前に

● **フォーマットの確認**

ディベートの前には、必ずディベートのフォーマットを確認し、各段階の時間をチェックしておきましょう。今度は、本格的なディベートですので、各段階の時間は長めに設定されています。全体で25分です。

肯定側		否定側	時間
主　　張			3分
		質疑準備	1分
	←	質　　疑	2分
		主　　張	3分
質疑準備			1分
質　　疑	→		2分
反論準備			2分
反　　論	→		3分
		反論準備	2分
	←	反　　論	3分
判定			3分
合計			25分

● **役割分担と座り方**

ディベーターは、それぞれの役割をしっかりと決めておきます。主張、質疑、反論についての担当を、席の順番と一緒に決めておくと、議論の進行を無駄なく進めることができます。

ディベーターとは別に、司会とタイムキーパーを決めておきます。ジャッジの担当者についても、全体のまとめ役(＝ジャッジリーダー)を決めておくと、最終的な判定を決定する際にとりまとめがやりやすいでしょう。

● **各チームの位置**

ディベートをおこなう際には、司会の机を中心にして、その両脇に肯定側と否定側が向かい合うように机を配置します。そして、そのすべてを見渡せるようにジャッジの机が置かれます。場合によっては、司会の席を演壇にして、司会がジャッジと同じ席、あるいはその横に置かれた机の席に座る形式もあります。

```
        司会
肯定側        否定側

      ジャッジ(審判)
```

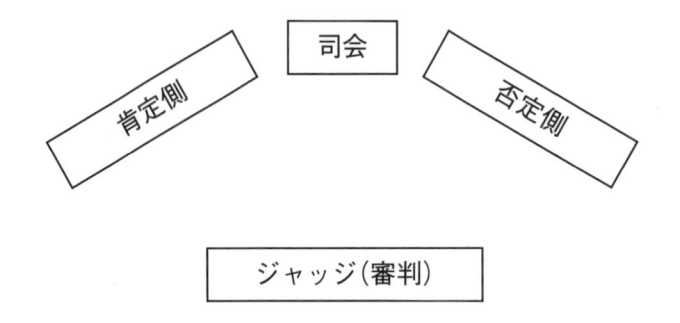

机の配置

7.4.2 主張

　いよいよ主張の開始です。話し方の要領は、第5章で学んだプレゼンテーションの要領とまったく同じです。聞き手に説得力を感じさせるためには、原稿を棒読みするのではなく、アウトラインをもとに相手側やジャッジをしっかりと見ながら話をしていきます。指定時間内にきちんと収まるように計算しながら話を進めてください。

7.4.3 質疑

　質疑の目的は、相手側の主張内容を再確認し、不明な点を明らかにすることにあります。相手側がうまく答えられなかった場合、この質疑から反論のきっかけを作ることもできます。質問された側は、誠実に答えなければなりません。質問をする際には、次のルールを守ってください。

質問する側のルール

- 質問は1つずつ
- あまり複雑な質問はしない
- 主張の内容に関係がない質問はしない
- 応答がなかなか来ないときは切り上げる
- 制限時間を守る

答える側のルール

- 質問にはすぐ答える
- 丁寧に答える
- 知らないことや調べていないことは、正直に申告する
- 制限時間を守る

7.4.4 反論

反論の時間は限られていますから、準備時間のうちに反論の論点をしっかり整理したうえで、効果的な反論をおこなってください。思いつくまま、いきあたりばったりに反論すると、審判の印象を悪くします。またディベートでは、主張の内容に対して反論するのがルールですから、主張の中でまったく触れられていない別の議論を持ち出して反論することは避けます。相手の議論の内容をしっかり聞いていないと、まとはずれな反論をしてしまいがちですから、十分に気をつけてください。

「日本の英語教育では、コミュニケーション力を習得するのは困難だ」という主張に対する反論

- これまでの日本社会は、コミュニケーション力を養成するための英語授業が重視されなかっただけである。【適切】
- 読み書き中心の英語教育は、先進国から学ぶために、これまでは一定の役割を果たしてきた。【主張の立場を補強してしまうので不適切】
- 英語にも、イギリス英語、アメリカ英語、オーストラリア英語があって、そのどれを勉強すればよいのか？【まとはずれで不適切】

反論の例

7.4.5 フローシートに記録する

フローシートとは、議論の流れを理解するために、経過を記録していくシートです。ディベートの参加者は議論を聞きながら、このシートにその流れを記録していきます。

記録の際には、話の重要なポイントをできるだけ簡潔に記録するように心がけます。第1章で学んだノート・テイキングのスキルが役立ちますから、自信がないときはもう一度見返してみましょう。

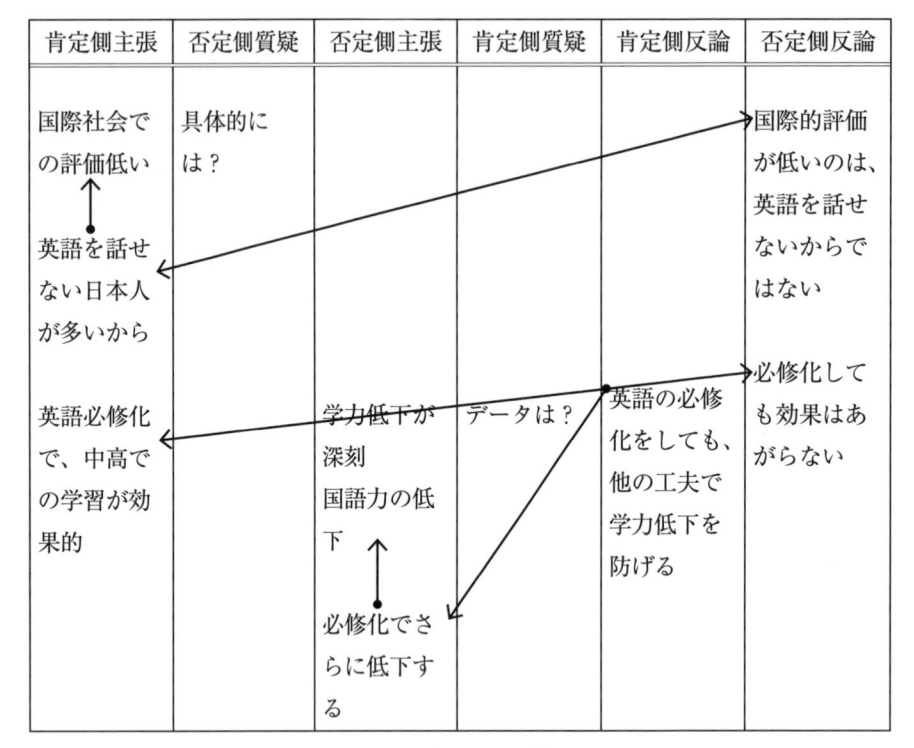

肯定側主張	否定側質疑	否定側主張	肯定側質疑	肯定側反論	否定側反論
国際社会での評価低い 英語を話せない日本人が多いから 英語必修化で、中高での学習が効果的	具体的には？	学力低下が深刻 国語力の低下 必修化でさらに低下する	データは？	英語の必修化をしても、他の工夫で学力低下を防げる	国際的評価が低いのは、英語を話せないからではない 必修化しても効果はあがらない

フローシートの例

それぞれの欄に発言のポイントを簡潔にメモし、その関係を矢印で図示します。

7.4.6 判定

　審判は、フローシートを記入しながら、ディベートの進行を記録していきます。その際、それぞれの主張を客観的にチェックして、主張がしっかりとした根拠やデータから構築されているかを判断します。反論においては、反論が相手の主張ときちんとかみ合っていたか、相手の主張の弱点をつくものであったか、批判される側はきちんと反論に答えていたか、などが評価のポイントになります。

　審判は、あくまでも中立的な立場を貫き、自分の個人的な意見や、ディベーターに対する主観的印象などによって判定をおこなってはなりません。いかなる場合も、主張と反論の内容を客観的に判断して、議論としてより説得力のあったほうを高く評価する必要があります。

　こうした審判の判断の客観性を確保するために、審判は「ジャッジシート」を作成しなければなりません。ジャッジシートには評価のポイントが挙げられているので、各項目に点数をつけます。また、コメント欄には議論に対する単なる印象ではなく、根拠のある批評を書くように心がけてください。

　複数のジャッジがいる場合、ジャッジリーダーが全員のジャッジシートを確

認のうえ、総合的な視点から勝敗を決定します。ジャッジリーダーは、集計した総点と勝者を発表します。このとき、審査内容の概要も述べてください。総点よりも、勝敗の理由のほうがむしろ大切だからです。

ディベート・ジャッジシート

年　　月　　日

ジャッジ氏名：＿＿＿＿＿＿＿＿＿＿＿＿＿＿＿＿＿＿

論題：＿＿＿＿＿＿＿＿＿＿＿＿＿＿＿＿＿＿＿＿＿＿＿

コメント	肯定側得点	ポイント	否定側得点	コメント
		話し方		
		主張の内容		
		質疑の内容		
		反論の内容		
		合計点		

（採点基準：5＝とてもよい、4＝よい、3＝普通、2＝わるい、1＝とてもわるい）

判定理由とコメント

＿＿＿＿＿＿＿＿＿＿＿＿＿＿＿＿＿＿＿＿＿＿＿＿＿＿＿＿
＿＿＿＿＿＿＿＿＿＿＿＿＿＿＿＿＿＿＿＿＿＿＿＿＿＿＿＿
＿＿＿＿＿＿＿＿＿＿＿＿＿＿＿＿＿＿＿＿＿＿＿＿＿＿＿＿
＿＿＿＿＿＿＿＿＿＿＿＿＿＿＿＿＿＿＿＿＿＿＿＿＿＿＿＿

ジャッジシートの例

「小学校からの英語教育必修化は必要か」というテーマでの今回のディベートは、62ポイント対54ポイントで、否定側の勝利となりました。ジャッジで目立った意見では、肯定側の主張における英語教育の早期開始には一定の意義が見られました。しかし、英語教育よりも日本語やその文化的背景をもっと幼少時から身につけておくことが大事であるという否定側の主張のほうが、メリットしてより有効だと判断されました。また肯定側の英語を話せるほうがいいと考えている人のデータが、インターネットの個人サイトでの少人数の集計であったことも減点対象となりました。以上です。

審査内容の概要

7.4.7 ディベートが終わったあとは

● 勝ち負けがすべてではない

　ディベートは勝敗を競うものですが、勝つことだけが目的ではありません。もし負けたとしても、みなさんはディベートの一連の作業経験の中からたくさんのことを学び、自分のスキルを向上させています。また、チーム内で与えられた自分の役割をしっかり果たすことで、協調性も身についているのです。勝敗に固執することは避けましょう。

● ディベートをふりかえろう

　判定のあと、ただ喜んだり悔しがったりするだけでなく、各自が次ページのようなチェックシートを作成して、ディベートの中身を再点検することが大切です。再点検することで、よりよいディベートが可能となるからです。基本作業でまだ未熟だと思うスキルがあれば、本章以前の内容に立ち返りましょう。

> **POINT**
>
> 勝敗がすべてではない。マナーをしっかりと守り、協力し合いながらディベートを成功させて、たくさんのことを学ぼう。

EXERCISE 3　ディベートをする

　この節での説明を参考に、EXERCISE 2 で作った主張を使って、実際にディベートをしてみましょう。

セルフチェックシート（ディベーター）

　　　　　　　　　　　　　　　　　　　　　　　年　　月　　日

氏名：_____

論題：_____（肯定側・否定側）

チェックポイント	自己評価	コメント
チームで協力できたか		
データ収集はうまくいったか		
主張の作成はうまくいったか		
うまくプレゼンテーションできたか		
うまく反論できたか		
フローシートを使いこなせたか		

（採点基準：5＝とてもよい、4＝よい、3＝普通、2＝わるい、1＝とてもわるい）

反省と感想

_____
_____
_____
_____
_____

セルフチェックシート（司会／ジャッジ）

　　　　　　　　　　　　　　　　　　　　　　　年　　月　　日

氏名：_____

論題：_____

チェックポイント	自己評価	コメント
うまく進行できたか（司会）		
公平に判定できたか（ジャッジ）		
議論の流れを把握できたか		
議論の逸脱をチェックできたか		
フローシートを使いこなせたか		

（採点基準：5＝とてもよい、4＝よい、3＝普通、2＝わるい、1＝とてもわるい）

反省と感想

_____
_____
_____
_____
_____

第7章 をふりかえって

第7章のポイント

● **ディベートの特徴**
　①ルールに従っておこなう討論競技
　②フォーマットの存在
　③スタディ・スキルの集大成

● **ディベートの準備**
　①チーム分け　②論題の選択　③主張作り　④戦略　⑤シミュレーション

● **ディベートの手順**
　①役割分担　②主張　③質疑　④反論　⑤判定

自己評価する

1. ジャッジのジャッジシートや、他のディベーターのセルフチェックシートを見せてもらいましょう。そして、もう一度ディベートの内容を思い起こして、反省してみましょう。

2. 自分で記入したチェックシートをもう一度点検して、評価が低いスキルの章を読み直してみましょう。

3. ディベートで論じられたテーマに関係する問題について、自分で再調査してみましょう。

4. 大学2年次以降の演習授業での発表で、積極的に質疑応答したり、意見交換してみましょう。

学びを深めたい人に

● **ディベートのスキルをもっと詳しく知りたい人に**

1. 松本茂著、『日本語ディベートの技法』、七宝出版、2001年

2. 安藤香織他著『実践！アカデミック・ディベート』、ナカニシヤ出版、2002年

● **効果的な主張作りや、メリットとデメリットの考え方をもっと詳しく知りたい人に**

1. 高田貴久著、『ロジカル・プレゼンテーション――自分の考えを効果的に伝える戦略コンサルタントの「提案の技術」』、英治出版、2004年

2. 太田龍樹著、『ディベートの達人が教える説得する技術――なぜか主張が通る人の技術と習慣』、フォレスト出版、2006年

column　スタディ・スキルを活かす ❸

社会人になってから

■ 大学での勉強は役に立たないか

　「社会に出たら、大学で習ったことは役に立たないよ」——これまで（しかも、不思議なことに何となく得意げに）こう語るおとなは多かったですし、今後もいるでしょう。こういう人には、「それは、あなたにとって役に立たないだけで、あなたの同窓生には役に立っているかもしれませんし、他の大学の卒業生にはその大学で習ったことが役に立っているかもしれませんね」と切り返したいところです。とはいえ、これまでの日本の大学では、この本の中で紹介してきた、自分の頭で考え、自分の考えを的確に他人に伝えるために役に立つスキルやコツをあまり教えてきませんでした。ですから、この本の趣旨は、「社会に出たら、大学で習ったことは役に立たないよ」とはもういわせない、というところにもあるのです。

　社会に出るとはどういうことでしょう？　あなたは職場で働き、町内会や集団住宅の自治会の会議に出席し、保険に加入したり、住宅を借りたり買ったりするために、いろいろな広告を取り寄せて、商品を比較し、選び、契約をかわすでしょう。ひょっとして、あなたの家族やあなた自身が病気にかかれば、その病気について調べ、専門医のいる病院を探して、あなたの手で病人を助けることができるかもしれません。職場や居住地に問題が起こり、専門外の分野の本を読んで、要点をノートする必要が生まれるかもしれません。さらに、公の席で事情を説明したり、意見を述べたりするはめになるかもしれません。今、例に挙げた様々な状況の中で、ノート・テイキング、情報検索、リーディング、ライティング、プレゼンテーション、ディスカッション、ディベート、どのスキルも役立つことは明らかです。

■ 大学キャンパスの中と社会の違い

　さて、それでも、「社会に出たら、大学で習ったことがそのまま役に立つとは限らないよ」というのは一面の真理です。大学にはだいたい同じくらいの年齢の、しかも入試を通過しているために能力や知識の面でもそう差のない人々が集まっています。一方、社会は年齢も経歴も得意分野も知識も能力も様々な人々でできています。この本で学んだスキルを使うにしても、大学の教室と違い、それに有利な（たとえば、90分使えるとか、学生同士のような対等な人間関係であるとか、扱う論題が十分に絞られているとかといった）環境であるとは限りません。それでも、ノート・テイキング、情報検索、リーディングのように、あなたの考えをまとめるスキルは確実に役立ちます。ライティング、プレゼンテーションのように、あなたの考えを表現するスキルも役立ちます。ディスカッション、ディベートのような共同作業になると、大学の教室のようには進まないかもしれません。職場の企画会議のように、目的が明確な会議では、この本で学んだスキルを駆使することは不可欠ですが、あなたが社会人として出席するのはそういう会合ばかりではありません。他の人はこの本で練習している

とは限りませんから、方法がすぐに通じないかもしれません。そういう場合には、あなたが他の人の意見をパソコンに打ち込んでその画面をプロジェクターで映し出せば、みんな、自分の意見がきちんと受け止められていると感じて、議論に積極的に参加するでしょう。形式的に整ったディベートではなくても、発言した人に必ずその理由をいってもらうように質問するだけでも、単なる意見のいいあいよりはるかに充実した話し合いができます。つまり、この本の中身をそのまま適用しなくても、スタディ・スキルを通して得られることをめざすことが肝心です。この本が紹介するスキルをしっかりと身につけたあなたには、それができるでしょう。そのとき、あなたは自分の考えをきちんと打ち出せる人であるばかりか、他の人の意見を引き出してもいるわけです。「みんなを活かすことのできる人」となるのも、なかなかすてきなことではありませんか。

■ 国際的な社会人へ

「餌をやると水質と動物を損ないます。(1)餌の大部分にかびが生え、それを食べた鳥や魚が病気になります。(2)餌はこの池の自然なバランスを崩します。(3)鳥や魚の食べ残した餌はゆっくり沈み、水を濃縮化します。(4)バクテリアが餌を分解するときには、水中の多量の酸素を消費します。そのために鳥や魚が自然な餌としている貝やカニや虫が減っていきます。(5)それだけでなく、酸素が減ると、水は腐敗し、〈死んで〉いきます。ですから、餌をやらないでください！ (a)パンを投げないで。自然の栄養で十分です。(b)生き物が息をするのに十分な酸素の確保に協力してください。(c)生き物が生き続けることのできる水質を保とうと知り合いや友だちにも話してあげてください」。

これはたまたまドイツの公園で見かけた掲示です。「餌をやらないでください」とだけしか書いていない、日本の公園によく見かける掲示とずいぶん違いますね。主張があり、理由が5つ挙げられ、最初の主張が結論として繰り返され、さらに発展した呼びかけが3つついています。これはドイツの国民性でもあります。しかし国際社会で、異なる文化的伝統に生まれ育った人々、異なる人種が出会い、共存していくためには、自分の意見を理由づけて明確にいえて、相手の意見も理由づけて的確に理解する能力、つまり論理的な思考と明確な自己主張が絶対に欠かせません。その能力の基礎はまさにこの本に紹介したスタディ・スキルによって形作られるのです。どうぞこのスキルを活用して国際的な次元で社会人として羽ばたいてください。

索 引

あ
アイコンタクト　　　107, 108
アウトライン　　　83, 84, 101, 102, 104, 106, 116
青空文庫　　　26
あとがき　　　48
アニメーション　　　115
Amazon　　　26
アンダーライン　　　51

い
意見　　　36, 37, 55, 66, 72-82, 86, 99, 102, 111, 123-129
一般図書　　　20, 21
印刷メディア　　　20
インターネット　　　20, 21, 24, 27, 28, 35, 36, 42, 88
Internet Explorer　　　24
インテンシブ・リーディング　　　45, 46, 51
引用　　　36, 37, 86, 159, 161
　間接引用　　　86
　直接引用　　　86

う
Wikipedia　　　27
Webcat Plus　　　26
ウェブサイト　　　24
ウェブページ　　　27, 28, 88

え
エヴィデンス　　　162
　エヴィデンス・カード　　　160
Excite　　　27
エクステンシブ・リーディング　　　45, 46, 51

閲覧コーナー　　　31
NDL-OPAC　　　26
演習（ゼミ）　　　20, 93, 98, 120, 128

お
オビ　　　46

か
カード　　　62, 63, 106, 131, 132, 154, 158
　読書カード　　　62
学術雑誌　　　22, 32
学術論文　　　30
囲み線　　　132
関係線　　　132
間接引用　　　86

き
キーワード　　　8, 25, 46
聴き取り力　　　3
記録係　　　124

く
Google　　　24
クリア・ライティング　　　68
クリティカル・リーディング　　　60, 61

け
KJ法　　　126, 130, 131, 152
結論　　　75, 78, 84, 102, 106
原稿用紙　　　85
検索サイト（サーチエンジン）　　　24, 32
　無料サイト　　　28
　有料サイト　　　28

こ

5W1H	68, 110
合意形成力	119
講義	4, 5
肯定	163
肯定側	144, 146, 149, 151, 155, 158
口頭発表	36, 99
コミュニケーション	99, 107, 120, 121, 144
コミュニケーション力	119, 143
根拠	72, 73, 111
コンタクト	102

さ

CiNii	30
雑誌	20, 21, 22, 26, 31, 42
一般雑誌	22, 32
学術雑誌	22, 32
雑誌記事	30, 46, 63
雑誌記事索引	31
雑誌論文	88
参考図書	20, 21, 26
参考図書コーナー	31
参考文献表	88

し

CD-ROM	23, 31
J-Dream II	30, 31
ジェスチャー	102, 107, 108
司会	122, 128, 139, 149, 163
時間管理	103
時間管理力	97, 143
視聴覚資料	23, 34
質疑	146, 164
執筆	84
ジャッジ	148, 149, 151, 166
ジャッジシート	166
ジャッジリーダー	166

Japan Knowledge Net Advance	27
主張(ディベート)	149, 151, 155, 159, 164
情報検索	20, 24
情報検索力	19
情報収集	82
情報収集力	19
情報整理力	41
情報提示型	99
情報リテラシー	20
情報倫理	35
省略文字	8
序論	78, 102, 106
シラバス(講義要項)	7, 11
新聞	20, 22, 31, 32, 42
縮刷版	31
新聞記事	63, 88
シンポジウム	125, 137
ミニシンポジウム	139

す

スキミング(飛ばし読み)	45
スキャニング(検索読み)	45
スケジュール	81
スピーチ	102, 105, 108, 113
スピーチ力	97, 105
スライド	103, 113, 115, 116
スライドショー	115

せ

整理力	3
接続詞	7
接続表現	69
説得力	97, 143
説明力	97
ゼミ発表	20, 99

そ

蔵書検索システム	26, 30
創造的思考力	119
「創造的な」ノート	4
卒業論文	5, 36, 93, 99

た

大学図書館	30, 31, 34
タイムキーパー	150, 163

ち

チェックシート	169
注	87
脚注	87
文末注	87
直接引用	86
著作権	35, 36

て

DVD-ROM	23, 31
ディスカッション	120, 125
ディスカッションとプレゼンテーションの関係	120
ディスカッションの形式	125
ディベーター	144, 150, 163
ディベート	147
ディベートとディスカッションの違い	144
ピンポン・ディベート	147
ワンマン・ディベート	147
ディベートのフォーマット	146
データ	73
データベース	26, 27, 30, 31, 32
デジタル・コンテンツ	23
デジタル・プレゼンテーション	103
デメリット	82, 83, 151, 154, 160
点検	84
電子メディア	20

と

ドキュメント	103, 113
読書カード	62
図書館活用力	19
読解力	41

な

内容紹介文	46, 47
ナンバリング	70, 75, 110

に

日本十進分類法	32

ね

ネットで百科	27

の

ノートの視覚化	15

は

配付資料	103, 113
バズセッション	125, 126, 128
バックナンバー	32
発想力	3, 119
パワーポイント	103
判定	166
反論	146, 165

ひ

否定側	144, 146, 149, 151, 155, 158, 163
批判的思考力	41, 65, 143
表現力	65
表札	132
剽窃	36, 86

剽窃と引用の違い　37
ピラミッド構造　100
ピンポン・ディベート
　　　　　　　　　147

ふ
ファシリテーター　123
ブラウザ　24
プラン　151
ブレーンストーミング
　　　　　125, 126, 130, 152
プレゼンテーション　99, 121
　講演型　　　　　99
　情報提示型　　　99
　説得型　　　　　99
　説明型　　　　　99
プレゼン力　97, 143
PREP　111
フローシート　165
文献リスト　63
文章構成力　65

ほ
ボイスレコーダー　108
本論　　　78, 102, 106

ま
マーカー　51, 52
マインドマップ　15, 105
まえがき　48
Magazine Plus　30, 31

み
MECE　69, 73, 110

め
メール　42
メッセージ　42, 58
　1文1メッセージ　70

メリット　82, 83, 151, 154, 158, 160

も
目次　47
問題解決力　119

や
Yahoo　24

よ
要約　58
読み原稿　106

り
リーダーシップ　123
理解力　41
理由　72, 73, 111

る
ルーズリーフ　62

れ
レイアウト　9
レジュメ　4, 9
レポート　3　6, 78
　レポートの種類　78
　レポート用紙　85

ろ
ロジカル・ライティング　68
ロジック・ツリー　74
論証文　72, 74
論題　140, 144, 149, 150
論理的思考力　65, 143

わ
ワンマン・ディベート
　　　　　　　　　147

欧文

5W1H	68, 110
Amazon	26
CD-ROM	23, 31
CiNii	30
DVD-ROM	23, 31
Excite	27
Google	24
Internet Explorer	24
Japan Knowledge Net Advance	27
J-Dream Ⅱ	30
Magazine Plus	30, 31
MECE	69, 73, 110
NDL-OPAC	26
PREP	111
Webcat Plus	26
Wikipedia	27
Yahoo!	24

あとがき

　本書の刊行ということだけを取り上げれば、平成18年度限りの事象となってしまいますが、関西大学文学部における初年次導入教育「知のナヴィゲーター」(略称「知ナヴィ」、本書のタイトルはこの授業名称に由来します)の取り組みとの関連で考えると、3年がかりの大仕事だったといえます。

　この3年間の経過を少しだけ記してみます。関西大学文学部で「知ナヴィ」の授業が始まったのは平成16年度でしたが、当時の担当者全員が手探り状態で、毎回が苦悩と工夫の連続でした。それが平成17年度には、この授業についての研究助成を文学部から受けることができて、関西国際大学や金沢工業大学の施設・授業見学をおこなったり、2度の招聘講演会などを開催することになりました。この年度末には授業担当者全員の執筆によって、「知のナヴィゲーター教授マニュアル」、「研究調査報告書」が作成されました。そして、この2冊がくろしお出版の編集の方の目に留まり、平成18年度4月に本書の刊行計画がスタートするのです。これと同時に、「初年次導入教育に関する総合的研究 −学びのスキル獲得と情報リテラシーの同時獲得・形成を目指して−」というテーマで、関西大学重点領域研究助成・研究領域B:「大学における教育と研究」で研究助成を受けるに至りました。

　執筆者それぞれが多忙にもかかわらず、本書執筆のための研究会が、5月のGW明けから7月の半ばまでの間、ほとんど毎週土曜日午後1時からたいてい夕方まで続けられました。この研究会では、初年次導入教育に関する様々なテクストの分析、本書の目次や内容の検討がおこなわれました。もちろん、「知ナヴィ」の授業担当者は、担当授業では初めての試みとして、数名の有志で合同合宿や合同授業をおこなったりと、試行錯誤を続けています。毎週の研究会があった期間や夏休みにも、カナダのトロントで開催されたFYE(First Year Experience)の国際会議、アメリカのサウスカロライナ大学のFYE研究所訪問、東京の文部科学省主催の導入教育講演会、神戸で開催された関西国際大学の導入教育をめぐるシンポジウムにおもむき、話を聞いてまいりました。これと平行しながら、夏休みを挟んだ数ヵ月の執筆期間をへて、数度の研究会によって原稿内容を調整したあと、ようやく本書が完成した次第です。

　ここで本書刊行に際してお世話になった方に、お礼を申し上げます。
　本書の内容に関して、知ナヴィ授業担当者にして研究会のスーパーバイザーで共同執筆者でもある品川哲彦先生ならびに田中俊也先生から、多くの示唆と助言をい

ただきました。

　刊行までの進行についてはひとえに、くろしお出版の斉藤章明さんの、まさに八面六臂の活躍によるものです。たびたび大阪にご足労いただいたり、各章の厳密な内容精査から付録ディスクの台本チェックや撮影に至るまで、斉藤さんがしっかりと支えてくださった結果、無事に予定通りの刊行ができました。

　くわえて、付録ディスクの撮影に快く協力してくださった関西大学文学部の小田沙季さん、木下梢さん、黒谷沙李さん、嵯峨山かおりさん、霜村静香さん、早川結依さん、三上実央さん、横田淳さん、若松侑真子さん、ほんとうにありがとう。一声かけると、「知ナヴィ」で教えた学生さんたちがすぐに集まってくれたこと、とても感激しました。こういうのを教師冥利に尽きるというのでしょうか。

　初年次導入教育は、大学の授業として考えると(特にはじめて担当されるならば)、なかなかにたいへんです。3年前のわたしたちと同様に、初年次導入教育に新しく取り組もうとされる方にとって、この『知のナヴィゲーター』という教科書が、授業に対する不安を少しでも和らげたり、いささかなりとも授業内容に寄与することになれば、幸いです。

中澤務／森貴史／本村康哲

執筆者略歴

中澤 務(なかざわ・つとむ)
1965年、埼玉県生まれ。現在、関西大学文学部(哲学倫理学専修)教授。
[主要著書・訳書]
『ソクラテスとフィロソフィア』(ミネルヴァ書房、2007年)、『バイオエシックスの展望』(共著、東信堂、2005年)、『アウグスティヌス著作集18-II』(共訳、教文館、2006年)

森 貴史(もり・たかし)
1970年、大阪府生まれ。現在、関西大学文学部(文化共生学専修)教授。
[主要著書・訳書]
„Klassifizierung der Welt. Georg Forsters *Reise um die Welt*."(Rombach Verlag、2011年)、『SS先史遺産研究所アーネンエルベ ナチスのアーリア帝国構想と狂気の学術』(監訳、ヒカルランド、2020年)

本村康哲(もとむら・やすのり)
1966年、京都府生まれ。現在、関西大学文学部(情報文化学専修)教授。
[主要著書・訳書]
"Suppression of Isolated Noises in the Dynamic Neutron Radiography Image by Using Mathematical Morphology", *Nuclear Inst. and Methods in Physics Research A,* Vol.377, No.1, 1996(共著)、*Cluster approach to pattern recognition,* Plenum press, 1996(共著)

品川哲彦(しながわ・てつひこ)
1957年、神奈川県生まれ。現在、関西大学文学部(哲学倫理学専修)教授。
[主要著書・訳書]
『正義と境を接するもの 責任という原理とケアの倫理』(ナカニシヤ出版、2007年)、『21世紀の教養1 科学技術と環境』(共編著、培風館、1999年)、『アウシュヴィッツ以後の神』(ハンス・ヨーナス著、訳、法政大学出版局、2009年)

田中俊也(たなか・としや)
1952年、広島県生まれ。現在、関西大学名誉教授。
［主要著書］
『思考の発達についての総合的研究』(関西大学出版部、2004年)、『大学で学ぶということ－ゼミを通した学びのリエゾン－』(ナカニシヤ出版、2015)、『教育の方法と技術－学びを育てる教室の心理学－』(ナカニシヤ出版、2017)、『コンピュータがひらく豊かな教育』(編著、北大路書房、1996年)、『教育心理学［第3版］』(共著、有斐閣、2015年)

森部 豊(もりべ・ゆたか)
1967年、愛知県生まれ。現在、関西大学文学部(世界史専修)教授。
［主要著書］
『NHKスペシャル文明の道　③海と陸のシルクロード』(共著、日本放送出版協会、2003年)

渡邊智山(わたなべ・としたか)
1969年、愛知県生まれ。現在、関西大学文学部(情報文化学専修)教授。
［主要論文］
「利用者研究の新たな潮流：C.C.Kuhlthauの認知的利用者モデルの世界」『図書館学会年報』、Vol.43, No.1、1997年、「情報探索過程を踏まえた検索システムの開発へ向けて－レファレンス・ブックを利用した探索過程の調査－」『情報の科学と技術』、Vol.52, No.2、2002年

知のナヴィゲーター

2007年4月 1日	第 1 刷発行
2023年3月31日	第13刷発行

編者	中澤 務・森 貴史・本村康哲
発行人	岡野 秀夫
発行所	株式会社 くろしお出版 〒102-0084 東京都千代田区二番町4-3 TEL 03-6261-2867　FAX 03-6261-2879 URL http://www.9640.jp E-mail kurosio@9640.jp
印刷所	株式会社 シナノ書籍印刷
装丁	折原カズヒロ

© NAKAZAWA Tsutomu, MORI Takashi & MOTOMURA Yasunori 2007, Printed in Japan

● 乱丁・落丁はおとりかえいたします。本書の無断転載・複製を禁じます。
● 本書に付属のDVD-ROMは、図書館およびそれに準ずる施設において
　 館外貸し出しが可能です。

ISBN 978-4-87424-372-5　C1081

スタディ・スキルズ関連テキスト

「大学での勉強のしかたがわからない！」そんな読者の方に！

知へのステップ　第5版
大学生からのスタディ・スキルズ

学習技術研究会 編

B5判　234頁　¥1,800円＋税　978-4-87424-789-1　2019年3月刊行

150校以上の大学で採用されている、大学1年生の必携書籍。授業を受講にするにあたり、身につけておくべき基礎的な能力を養える。学習理解度をはかれる切り取り式のチェックシート付き。Windows 10、Microsoft Office 2016に対応

ご採用の先生には**教授資料有り**

相手に伝わる、効果的かつ魅力的な文章をかけるようになろう！

Good Writingへのパスポート
読み手と構成を意識した日本語ライティング

田中真理・阿部新 著

B5判　192頁　¥2,000円＋税　978-4-87424-618-4　2014年6月刊行

ライティング研究の成果を取り入れ、日本語で、形式面でも内容面でも効果的かつ魅力的な文章が書けることを目指した「日本語表現法」テキスト。初年次教育・文章執筆演習などに最適。
- タスク・練習問題付で実践的に学べる
- 評価基準表・チェックシート・文章構成要素一覧付

スタディ・スキルズ関連テキスト

大学生と新社会人のための
知のワークブック

ご採用の先生には **教授資料有り**

竹田茂生・藤木清 [編]
B5判　￥1,500＋税　978-4-87424-341-1　2006年3月刊行

社会のニーズが高い「柔軟思考」の基礎が凝縮され、様々なアイデアの作り方を伝授してくれるテキスト。簡潔でやさしい解説に加え、実践的に考えられるように工夫されており、物事を考える力が身につく。マーケティング入門としても。

大学でのプレ教育・論理的な思考力を養成

ゼロからの統計学
使えるシーンが見える

竹田茂生・藤木清 [著]
A5判　￥1,800＋税　978-4-87424-471-5　2010年4月刊行

数字の情報やグラフがメディアに氾濫する今、統計学の知識は文系学生にも論文作成や就活で必須となっている。難しい数式を極力減らし、身近なテーマのシナリオで、苦手な人も学びやすく工夫した統計学の入門書。基本から学び直したい大人の読者にもお勧め。2色刷、切り取り式のワークシート付属。

論文やプレゼンの説得力を高める

レポート・論文・プレゼンスキルズ
レポート・論文執筆の基礎とプレゼンテーション

石坂春秋 [著]
A5判　￥1,400＋税　978-4-87424-273-5　2003年3月刊行

レポート・論文のまとめ方、書き方の基本、それらを図柄・スライド画面に用いて表し発表するプレゼンテーションの技法の基礎を、分かりやすく解説。基本的に1ページ1項目に限定し、参照しやすく見やすいよう工夫されている。

知的な論文・レポートのための
リサーチ入門

竹田茂生・藤木清 [著]
A5判　￥1,800＋税　978-4-87424-598-9　2013年10月刊行

アンケートやインタビュー等で多くのデータを集めて分析する「調査」は、ビジネスプレゼン・研究論文に不可欠。「調査」の基礎を社会調査とマーケティングリサーチ双方の視点からやさしく解説。切り離して提出できるワークシート付。

付属DVDについて

このDVDには、「知のナヴィゲーター」を有効に活用するための素材が収められています。
(1) 動画(mp4形式)
・第1章「ノート・テイキング」のサンプル講義。
・第7章「ディベート」のサンプルディベート。
(2) ワークシート(Word/PDF形式)
　各章のEXERCISE用ワークシート。詳しくは"index.html"を参照してください。

■■■ 使い方 ■■■

(1)動画(サンプル講義、サンプルディベート)を見るとき
【Windows XP, Vista, 7, 8】
ディスクを挿入し、画面に現れるメニューから「DVDムービーを再生する」を選びます。

【Macintosh】
ディスクを挿入すると、自動的に動画が始まります。

（※動画は一般のDVDプレーヤーでもご覧いただけます。）

(2)ワークシートを使うとき
"Materials"フォルダ中の"index.html"がワークシートの選択メニューです。

【Windows XP, Vista, 7, 8】
[1] DVDをセットすると、メニューウィンドウが開きます。
[2] メニューから、「フォルダを開いてファイルを表示」を選択します。
[3] "Material"フォルダ中の"index.html"を開いてください。
※メニューが開かずに動画が自動的に再生される場合は、一度動画を終了します。マイコンピュータからDVDドライブを右クリックし、メニューから「開く」を選択します。

【Macintosh】
[1] DVDプレーヤーを終了させます。
[2] デスクトップのDVDアイコンを開きます。
[3] "Material"フォルダの中の"index.html"を開いてください。

> DVDが使えない方は、小社のホームページから内容物をダウンロードしてご利用いただけます。
> http://www.9640.jp/chi-navi/data.html

■■■ 使用にあたっての注意 ■■■

・DVDをパソコンでお使いになるには、DVDドライブが必要です。
・パソコンでのDVD-video（動画）の視聴には再生用のソフトウェアが必要になる場合があります。またワークシートの利用にはMicrosoft WordやAcrobat Readerなどが必要です。
・このDVDは、DVDドライブを備えていればほとんどの環境でお使いいただけますが、全ての環境での使用を保証するものではありません。あらかじめご了承ください。
・本DVD-ROMに収録されているデータの著作権は、作者である編著者が有します。作者の著作権は日本国憲法および国際条約により保護されています。
・無断で改変・複製・再配布等を行なわないでください。
・編著者およびくろしお出版は、当収録データを使用したことにより被ったいかなる直接的間接的または偶発的損害も補償、賠償いたしません。あらかじめご了承ください。